1.500 CURIOSIDADES LOQUÍSIMAS SOBRE TODO

Título original: *Curious Facts About Everything*

Primera edición: febrero de 2026

Publicado por primera vez por Collins, un sello de HarperCollins Publishers, en 2025.

Valentín Beato, 21. 28037 Madrid
www.anayainfantilyjuvenil.es

ISBN: 978-84-143-5996-9
Depósito legal: M-22859-2025

Impreso en España - *Printed in Spain*

PAPEL DE FIBRA
CERTIFICADA

1.500 CURIOSIDADES LOQUÍSIMAS SOBRE TODO

INVENTOS, PELÍCULAS, ANIMALES, VOLCANES, CHOCOLATE...

Traducido por Adolfo Muñoz

ANAYA

Índice

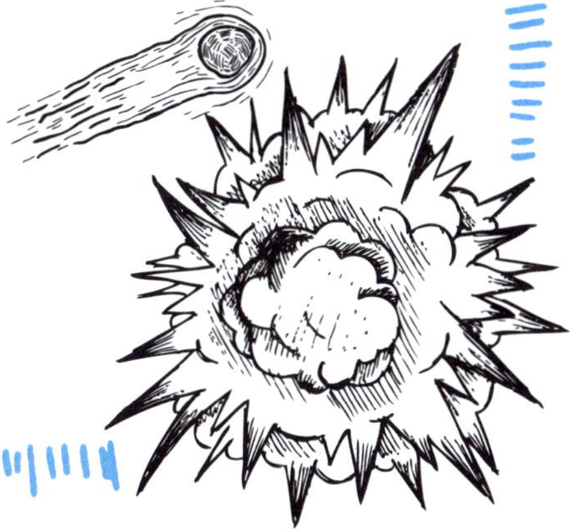

Grandes félidos

1 Los guepardos, los leopardos de las nieves y los pumas no rugen, sino que ronronean. Sin embargo, los leones, tigres, jaguares y leopardos no saben ronronear... ¡Su voz es el RUGIDO!

2 Los leopardos de las nieves pueden saltar nada menos que 15 metros. ¡Eso es tanto como saltar ocho camas de adulto puestas a lo largo una detrás de la otra!

3 Los leones son los únicos félidos que viven en grandes grupos. Estos grupos se llaman «manadas» y pueden comprender hasta cuarenta leones, leonas y cachorros.

4 El tigre siberiano es el tigre más grande que existe, y también el mayor de todos los félidos. Puede pesar hasta 300 kilos... ¡El doble que un panda gigante!

5 El tigre más pequeño, el tigre de Sumatra, tiene un pelaje anaranjado más oscuro que otros tipos de tigre. Eso les sirve para pasar disimulados en su entorno, que es la selva tropical.

6 Las manchas negras de un jaguar se llaman rosetas porque parecen pequeñas rosas. Algunos jaguares tienen el pelaje tan oscuro que es difícil distinguir las manchas.

7

Al puma también se le llama león de montaña, león americano, león y pantera. Vive en América del Sur y del Norte.

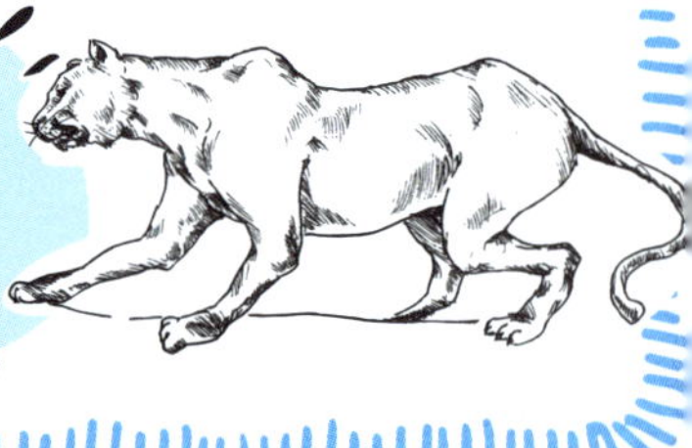

8 El mamífero más rápido del planeta, el guepardo, puede correr a velocidades de hasta 120 km/h en breves arranques. ¡Después de alcanzar semejante velocidad, necesita una media hora para recuperar el aliento!

9 Los cachorros de puma tienen manchitas al nacer. Estas desaparecen al cabo de unos nueve meses, y los pumas adultos no tienen ningún tipo de manchas.

10 La larga cola de un guepardo mide aproximadamente la mitad de su cuerpo. Esa cola lo ayuda a mantener el equilibrio al moverse.

11 El rugido de un león adulto se puede oír a ocho kilómetros.

12 Los jaguares son unos excelentes nadadores y les encanta el agua. Cazan peces, tortugas y caimanes en ríos y lagos.

13

El dibujo de rayas de cada tigre es único. ¡No hay dos tigres iguales! Las rayas los ayudan a camuflarse, de manera que se pueden esconder entre el follaje antes de saltar sobre su presa.

14 El nombre de «pantera negra» no pertenece a una especie de félido, sino que se utiliza para cualquier félido grande de pelaje negro, como por ejemplo un jaguar o un leopardo de piel negra.

15 El bostezo de un león es contagioso, igual que el nuestro. Cuando un león bosteza, ¡provoca que otro león lo haga también!

16 Los leopardos de la nieve viven en las frías montañas de Asia. Usan sus anchas patas como si fueran raquetas de nieve, y se envuelven con su larga cola para darse calor.

El cuerpo humano

17 Es imposible estornudar durante el sueño profundo.

18 Por término medio, una persona parpadea más de 500 millones de veces a lo largo de su vida.

19 Los humanos son los únicos mamíferos que tienen barbilla.

20 Si pudieras estirar y poner de pie tu intestino delgado, ¡sería tres veces más alto que tú!

21 Los huesos más pequeños del cuerpo humano están en el oído.

22 En cada una de tus cejas tienes unos 250 pelos.

23 Tus dientes son tan diferentes y únicos como tus huellas dactilares.

24 Ahora mismo en tu boca tienes unos veinte mil millones de bacterias.

25

El cerebro genera electricidad: la suficiente para encender una bombilla pequeña.

26 Los vasos sanguíneos de un adulto son lo bastante largos como para dar la vuelta al mundo dos veces.

27 Normalmente en un estornudo el aire sale de la boca más rápido que en una tos.

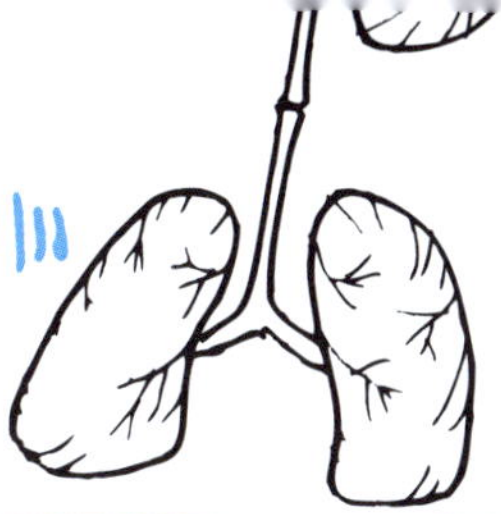

28 Los bebés no suelen llorar con lágrimas que podamos ver hasta que tienen un mes por lo menos.

29 El pulmón derecho es más grande que el izquierdo.

30 Al hacernos mayores, las orejas y la nariz se nos caen debido a la gravedad y a una pérdida de elasticidad en la piel.

31 La nariz puede detectar al menos un billón de olores distintos.

32 A lo largo de la vida, cada uno de nosotros produce suficiente saliva como para llenar 53 bañeras.

33 Desde la mañana a la noche, nos encogemos un centímetro.

34

Tu corazón puede latir al compás de la música.

35 Los humanos emitimos luz, pero no podemos verla.

36 El ácido del estómago es lo bastante fuerte como para disolver algunos metales.

37 Los humanos mudamos la piel continuamente. La cantidad de piel que desechamos a lo largo de nuestra vida puede llegar a los... ¡35 kilos!

38 El músculo más grande del cuerpo es el glúteo mayor, que tienes en las nalgas.

39 Una de las zonas del cuerpo humano en que la piel es más gruesa son las palmas de las manos.

40 Alrededor del 65-80 % de las personas es capaz de curvar la lengua.

41 El miedo a los ombligos se llama omfalofobia.

Maravillas del mundo

42 Las nuevas siete maravillas del nundo han reemplazado a las siete maravillas del mundo antiguo. Las maravillas antiguas han cambiado o han desaparecido con el tiempo. ¡La única maravilla original que permanece son las pirámides de Guiza!

43 La Gran Muralla china es en realidad una red de muchas murallas, más que una sola. Su construcción se alargó por más de 2000 años.

44 **Para pegar las piedras de la Gran Muralla china los constructores usaron una innovadora mezcla hecha de cal (caliza calentada) y arroz glutinoso.**

45 La pirámide Kukulcán (también llamada «El Castillo») de la ciudad maya de Chichén Itzá tiene 365 escalones, uno por cada día del año. Dos veces al año, el sol poniente proyecta una sombra que parece una serpiente que se desliza hacia abajo por los escalones.

46 En la base de las pirámides de Chichén Itzá está el campo de *tlachtli* más grande de América. Hace miles de años, se jugaba allí un juego de pelota muy violento, que a veces terminaba en muertes.

47 Dañada por los terremotos a lo largo del tiempo, una gran parte de la ciudad de Petra sigue esperando que las excavaciones la saquen a la luz.

48 El nombre Petra es la forma femenina de Pedro, y significa piedra o roca tanto en griego como en latín. Eso tiene sentido, porque muchos de los edificios de la antigua ciudad de Petra están tallados en barrancos de piedra arenisca.

49 Las piedras que se usaron para construir la antigua ciudad inca de Machu Picchu, en Perú, están tan bien unidas que han superado múltiples terremotos. Las piedras pueden moverse, pero terminan volviendo a colocarse en su sitio.

50 En el año 2000, se cayó una grúa usada para rodar un anuncio de cerveza y dañó un monumento sagrado.

51 La estatua de Cristo Redentor en Brasil es la escultura *art déco* más grande del mundo. Tiene 30 metros de altura, el equivalente a 17 frigoríficos con congelador puestos uno encima del otro. Y eso sin incluir el pedestal.

52 Debido a su altura y posición en la cumbre de la montaña, la estatua del Cristo Redentor ha recibido el impacto de más de un rayo. En 2014, un rayo que cayó en la estatua le rompió el pulgar derecho.

53 El Coliseo de Roma es el anfiteatro más grande del mundo: un edificio abierto y circular usado para espectáculos. Tenía asientos para más de 50 000 personas, y es tan grande que cabría dentro un moderno campo de fútbol.

54 Los primeros juegos que hubo en el Coliseo tuvieron lugar en el año 80 de nuestra era, y duraron... ¡cien días!

55 Se necesitaron 20 000 trabajadores y veintidós años para construir el Taj Mahal en la India. Este famoso mausoleo está hecho de mármol blanco.

56 El Taj Mahal fue ordenado construir por el emperador mogol Shah Jahan en memoria de su esposa, Mumtaz Mahal.

57 Hay varias copias del Taj Mahal en el mundo. Un empresario incluso construyó su propia versión del Taj Mahal ¡sobre una casa flotante, en California!

Chocolate

58 El nombre científico del cacao es *Theobroma cacao*, que significa «alimento de los dioses».

59

El chocolate se hace usando las semillas de cacao que da el cacaotero.

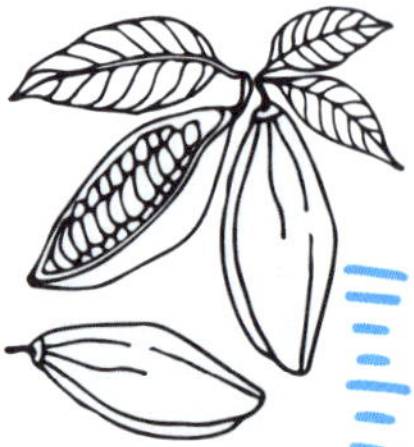

60 Cuando los humanos consumieron por primera vez chocolate, tal como lo conocemos, fue en forma de bebida caliente.

61 En el siglo XVI, cuando llegó el primer cargamento británico de chocolate, se pensaron que eran caquitas de oveja, ¡y las quemaron!

62 Cada navidad, solo en el Reino Unido, se consumen 208 millones de cajas de bombones.

63 En torno al 400 a. e. c. las culturas mayas usaron el chocolate como moneda.

64 Hacia el año 1600, en Europa, el chocolate se utilizaba, principalmente, como medicina.

65 Los suizos comen más chocolate que ningún otro país del mundo.

66 En torno al 70 % de todo el chocolate del mundo crece en África Occidental.

67 Dos países producen más de la mitad del cacao del mundo: Ghana y Costa de Marfil.

68 Se necesitan cientos de granos de cacao para producir un solo kilogramo de chocolate.

69 La barra de chocolate más grande del mundo pesó unos 5 792 kg. ¡Tanto como un elefante!

70 El Día Mundial del Chocolate es una celebración anual.

71 El miedo al chocolate se llama chocolatofobia.

72 A una persona adicta al chocolate se la suele llamar chocohólica.

73 Del emperador azteca Montezuma II se dice que se tragaba docenas de tazas de chocolate cada día.

74 El chocolate con leche lo inventó en 1875 el chocolatero suizo Daniel Peter.

75 El chocolate blanco se diferencia del chocolate con leche y del chocolate negro en que no contiene sólidos de cacao.

76 El primer huevo hueco de chocolate de Pascua lo produjo la compañía chocolatera Fry & Sons en 1873.

77 La compañía Fry, con sede en Bristol, Inglaterra, también creó la primera barra de chocolate.

78 En los años 30 del siglo xx, una caja de bombones costaba tanto como varias semanas de alquiler de una vivienda.

79 El olor del chocolate puede reducir la ansiedad y el estrés.

80 El chocolate es venenoso para perros y gatos.

81 En el mundo entero se comen unos ocho millones de toneladas de chocolate al año.

Sueños

82 Dormir lo suficiente te ayuda a estar más sano, reduce el estrés y mejora tu estado de ánimo.

83 No se suele roncar durante el sueño REM, que es el sueño profundo.

84 Las jirafas solo duermen unos treinta minutos al día.

85 Cuando sueñas, puedes tener la sensación de que han pasado horas, y en realidad no han transcurrido más que unos minutos.

86

Los murciélagos duermen cabeza abajo.

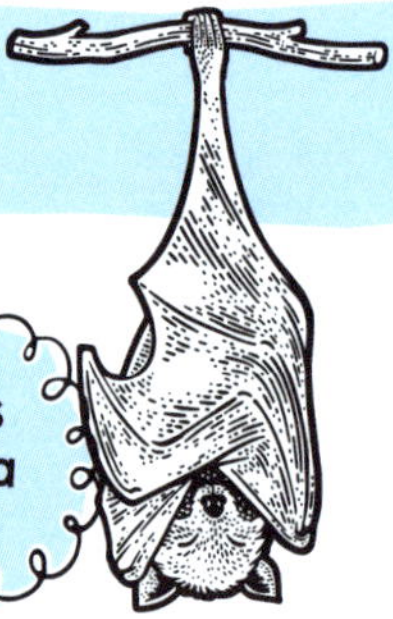

87 ¡Los ronquidos pueden sonar tan fuerte como una batidora!

88 La somnifobia es el miedo intenso a quedarse dormido.

89 ¡Por término medio, una persona se pasa 26 años de la vida durmiendo!

90 De todos los animales del mundo salvaje, los que más duermen son los koalas: ¡hasta veintidós horas al día!

91 Se cree que el 20 % de los niños caminan sonámbulos al menos una vez.

92 Una persona normal tiene de cuatro a seis sueños cada noche, pero no suele acordarse de todos.

93 El cosmonauta Guerman Titov fue la primera persona que durmió en el espacio, en 1961.

94 Los hipopótamos pueden dormir debajo del agua.

95 En el año 2002, la compañía americana Slumberjack estableció el récord del saco de dormir más grande del mundo: tenía el tamaño de casi diez sacos de dormir normales.

96 El insomnio es la incapacidad de dormir.

97 Los patos pueden dormir a medias, con un solo lado del cerebro, mientras mantienen despierto el otro lado.

98 Los pájaros suelen dormir en árboles, pero no en su nido.

99 Las nutrias marinas se cogen de la mano durante el sueño para no separarse.

100 Las personas dormimos menos durante la luna llena.

101 El adormecimiento después de mediodía es real: las personas tendemos a sentirnos más cansadas hacia las dos de la tarde.

102 Los bebés necesitan dormir más que los adultos.

103 Después de pasar varios días sin dormir, las personas tienen problemas para pensar y hacer cosas, y pueden ver cosas que no existen.

104 La sacudida hípnica es cuando te quedas dormido y de repente te despiertas con un sobresalto.

105

Algunos creen que comer queso antes de ir a dormir puede hacer los sueños más extraños y más fáciles de recordar.

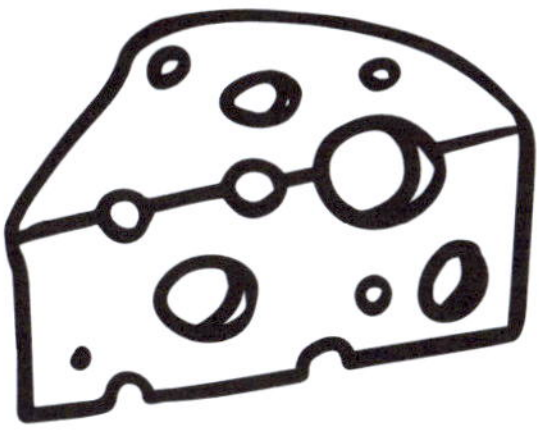

Selva amazónica

106 La selva amazónica es el bosque tropical más grande del mundo. ¡Cubre un área que tiene doce veces el tamaño de España!

107

Aproximadamente el 10% de todas las especies vivas de la Tierra se encuentran en la selva amazónica. ¡En ella residen varios millones de especies distintas!

108 El suelo de la selva amazónica, con sus casi 400 mil millones de árboles, almacena doscientos mil millones de toneladas de carbono. Esto evita que la Tierra se caliente demasiado aprisa.

109 Por término medio, se descubre una nueva especie de planta o animal en la selva amazónica día sí día no.

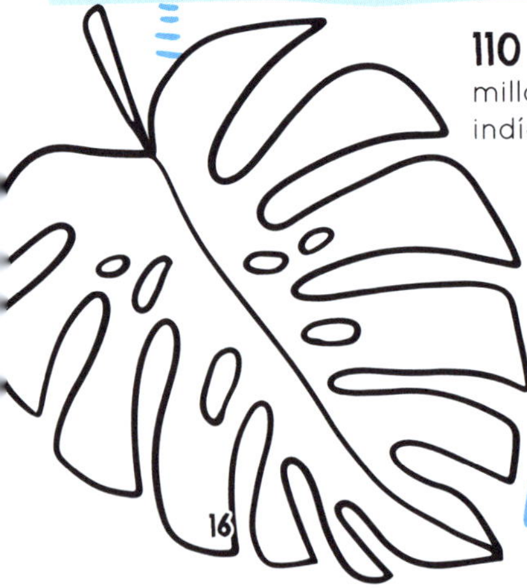

110 En el Amazonas viven cuarenta y siete millones de personas, que hablan 300 lenguas indígenas diferentes.

111 La selva amazónica se extiende por ocho países más un territorio de ultramar en Sudamérica: Brasil, Bolivia, Perú, Ecuador, Colombia, Venezuela, Guyana, Surinam y la Guayana Francesa.

112 El feroz pirarucú, que es un pez que vive en la selva amazónica, ¡tiene dientes en la lengua! Puede llegar a los tres metros de largo, y se alimenta de otros peces.

113 El río Amazonas es seguramente el segundo río más largo del mundo después del Nilo. Mide, al menos, 6 400 kilómetros.

114 La capa superior de la selva tropical se llama capa emergente. En ella los árboles muy altos, como el nogal del Brasil, se elevan por encima del resto del bosque.

115 La rana venenosa de dardo vive en la selva amazónica y se la considera uno de los animales más venenosos del planeta. Su color brillante avisa a los depredadores de que no deben comérsela.

116 El mono araña pasa la vida en el dosel, que es la segunda capa de la selva, y raramente pisa el suelo. Sus largos brazos, patas y cola lo ayudan a balancearse y colgar de los árboles.

117 Cada minuto se tala un área de la selva amazónica del tamaño de cinco campos de fútbol.

118 Los perezosos viven en la selva amazónica. Se mueven tan poco que en su pelaje nacen algas. Eso los ayuda a esconderse de los depredadores.

119 El nogal del Brasil puede llegar a los 50 metros de altura. ¡Eso es tanto como nueve jirafas puestas una encima de la otra!

120 En el Amazonas habitan más de mil especies de pájaros.

121 **El colorido guacamayo es un ave muy inteligente que usa su voz para comunicarse con otros guacamayos de su bandada. Algunos guacamayos también pueden imitar el habla humana.**

Deportes

122 Se calcula que en el mundo se juegan al menos 8 000 deportes diferentes.

123 Los primeros juegos olímpicos de los que tenemos noticia se celebraron en Grecia en el año 776 a. e. c.

124 A las mujeres no se les permitió competir en los juegos olímpicos hasta 1900.

125 En un partido de fútbol, ¡el árbitro puede cubrir más distancia que los jugadores!

126 En 1921, la Asociación Inglesa de Fútbol (FA) prohibió a las mujeres jugar al fútbol en sus campos porque no les parecía un deporte «adecuado» para ellas. La FA levantó la prohibición en 1971.

127 El partido de tenis oficial más largo duró once tensas horas con cinco minutos. Se jugó a lo largo de tres días en Wimbledon en 2010.

128 Una pelotita de golf tiene de media 336 hoyuelos.

129 Se supone que los árbitros de béisbol llevan ropa interior negra… ¡por si acaso se les abre la costura del pantalón!

130 El famoso jugador de béisbol Babe Ruth solía meterse un trozo de col congelada bajo la gorra para mantener la cabeza fresca.

131 El deporte del bádminton se llamaba originalmente *battledore* o *poona*.

132 Los primeros discos de *hockey* que se usaron estaban hechos de madera… o eran una bola de boñiga de vaca congelada.

133

La medalla de oro de las Olimpiadas contiene más plata que oro.

134 Una pelota de béisbol tiene exactamente 216 puntadas rojas.

135 En la Fiesta del Queso Rodante de Gloucester, en Inglaterra, los jugadores persiguen un queso que baja a toda velocidad por la ladera de una colina. El que antes llega al pie de la colina se lleva el queso.

136 Las primeras cestas de baloncesto eran cestas para recoger melocotones.

137 El boxeo de ajedrez es un deporte en el que los jugadores alternan el ajedrez y el boxeo.

138 El saque más rápido que se ha registrado en voleibol salió a una velocidad de 138 km/h ¡Más rápido que un guepardo!

139 Se considera que el fútbol es el deporte más popular del mundo.

140 Se llama «pavo» a hacer tres plenos consecutivos en el juego de los bolos. (Un pleno es cuando la bola derriba todos los bolos a la primera).

141 Cada año desde 1985 (excepto en 2020 y 2021), la pequeña ciudad de Llanwrtyd Wells, en Gales, ha celebrado el Campeonato Mundial de Esnórquel en Pantano.

142 En el *hockey* subacuático, los equipos juegan al *hockey*... ¡en una piscina, bajo el agua!

143 Existe el Día Internacional de la Lucha de Almohadas, en el que se reúnen personas en espacios públicos para pelearse esgrimiendo almohadas.

144 El ciclobol es como el fútbol sala, ¡pero en bicicleta! Los jugadores solo pueden tocar el balón con la bici.

145 La lucha de dedos del pie es como echar un pulso, o como la guerra de pulgares, ¡pero entrelazando los dedos de los pies!

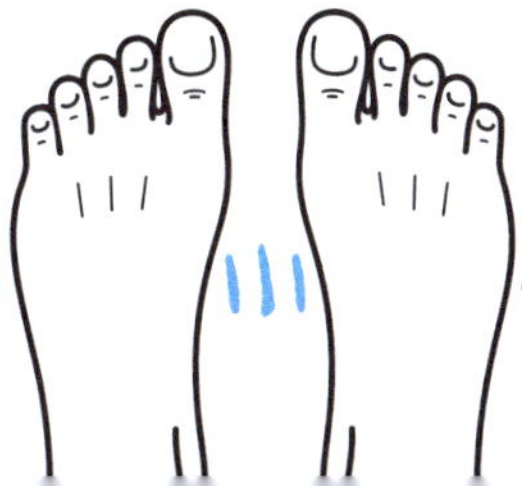

Inventos

146 El famoso pintor y científico Leonardo da Vinci inventó muchísimas máquinas, pero muchas de ellas no se construyeron en vida de él. Las dibujó en cuadernos, y solo se fabricaron cientos de años después.

147 Los zancos (unas estacas altas sobre las que caminar) se inventaron hace unos 3 500 años, y se usaban para cruzar humedales y marismas.

148 El semáforo se inventó antes que el automóvil. En 1868 se colocaron en Londres los primeros semáforos para regular el tráfico de peatones y coches de caballos.

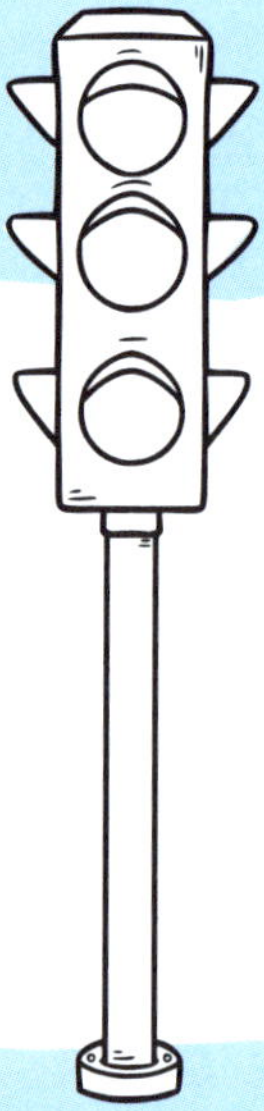

149 Pasaron cincuenta años desde que se inventó la lata hasta que se inventó el abrelatas. Durante ese tiempo, para comerse el contenido de las latas, la gente las abría con martillo y formón.

150 Los pósits se inventaron por accidente. En 1968, el doctor Spencer Silver investigaba colas fuertes destinadas a la construcción aeroespacial, pero descubrió, sin embargo, una sustancia floja y ligeramente pegajosa. Cuando Art Fry la añadió a un trozo de papel amarillo, ¡nació el pósit!

151 El primer ordenador, terminado en 1946, ocupaba un sótano entero y pesaba tanto como siete hipopótamos.

152 La mayoría de las calculadoras actuales son más potentes que aquel primer ordenador del mundo.

153 La primera grapadora se fabricó en el siglo XVIII para el rey de Francia Luis XV. Cada grapa llevaba el sello real, y se usaba para mantener unidas las hojas de decretos y otros documentos.

154 El primer *email* fue enviado en 1971 en Estados Unidos por Ray Tomlinson. Viajó de un ordenador a otro dentro de la misma sala.

155 Antes de que se inventara la pasta de dientes, ¡la gente se cepillaba con cáscara de huevo molida, espinas de pescado también molidas, o con arena fina!

156 El primer inodoro moderno con cisterna fue inventado en torno a 1590 por sir John Harington, ahijado de la reina Isabel I. Se popularizó cientos de años después.

157 En Estados Unidos en 1943, Vesta Stoudt propuso hacer una cinta de embalar a partir de una tela fuerte, resistente al agua. ¡Escribió al presidente Franklin D. Roosevelt para hacer realidad su idea!

158 El primer microondas usado en restaurantes tenía 1,80 metros de altura... ¡más o menos la talla de un hombre normal!

159 La penicilina se descubrió por accidente. Cuando el investigador escocés sir Alexander Fleming vio el moho que crecía en un disco de Petri, también descubrió una sustancia que mataba las bacterias.

160 **Una versión primitiva del despertador, diseñado por Levi Hutchins en 1787, solo podía sonar a las 4 de la madrugada. Hasta 1847 no apareció una versión en la que la gente podía elegir a qué hora quería despertarse.**

Bichos

161 Por cada humano, en la Tierra viven más de mil millones de insectos.

162 La araña de cabeza de flecha lanza su tela de araña a modo de catapulta para capturar a su presa.

163 ¡No todas las abejas fabrican miel, y no todas tienen aguijón!

164 Las abejas melíferas ejecutan una danza para indicar a otras abejas de su colonia dónde hay comida.

165 La araña de corteza de Darwin teje la telaraña más grande que se conoce, que puede llegar a los... ¡25 metros de longitud!

166 El escarabajo tigre australiano es el insecto más rápido del mundo. Corre a 2,5 metros por segundo: ¡como un humano haciendo *footing*!

167 El mosquito antártico pasa unas tres cuartas partes de su vida congelado.

168 La hormiga podadora puede levantar cincuenta veces su peso.

169 Las termitas construyen, a partir de tierra y estiércol, termiteros que pueden llegar a ser tan altos como una jirafa.

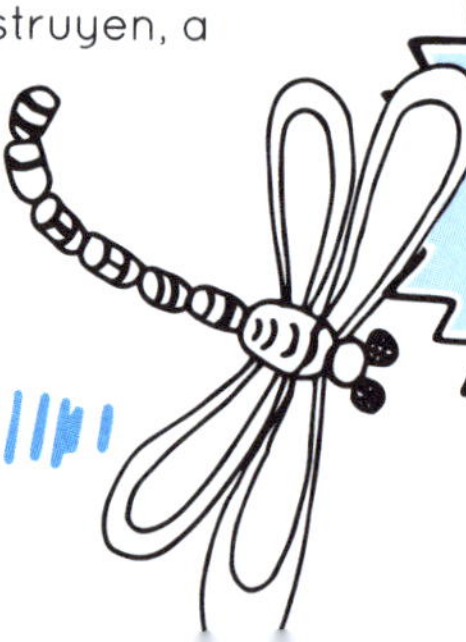

170

Los ancestros de las libélulas vivían en la Tierra millones de años antes que los dinosaurios.

171 **Una cuarta parte de todas las especies animales conocidas en nuestro planeta son escarabajos.**

172 La mayoría de las orugas tienen doce ojos: seis en cada lado de la cabeza.

173 Las luciérnagas son unos escarabajos que brillan en la oscuridad.

174 La mariposa tiene la mayoría de sus pupilas gustativas en los pies.

175 El garapito vive en estanques, zanjas y acequias, y nada bocabajo.

176 El barquero se rodea de una burbuja de aire que lo ayuda a permanecer más tiempo bajo el agua.

177 Los primeros seres vivos enviados al espacio, en 1947, fueron moscas de la fruta.

178 La mariquita de siete puntos puede comerse 5 000 pulgones a lo largo de su vida.

179 Las polillas y las mariposas beben las lágrimas de otros animales, probablemente para obtener sal.

180 Las lombrices no tienen ojos ni dientes.

181 Los conos, unos caracoles marinos, se encuentran entre las criaturas más venenosas de la Tierra.

182 Los grillos oyen por medio de unos órganos que tienen en las patas.

183 Los saltamontes escupen para protegerse.

184 La chinche hedionda suelta un olor apestoso cuando se siente amenazada.

185 ¡Los saltamontes ya saltaban por ahí antes que los dinosaurios!

El sistema solar

186 El sol reúne más del 99 % de toda la masa del sistema solar. Por volumen, dentro de esa ardiente bola de gas cabría más de un millón de planetas Tierra.

187 Aunque pudieras ir en una nave espacial a Júpiter, Saturno, Urano o Neptuno, no podrías aterrizar en ninguno de esos planetas, porque ninguno de ellos tiene una superficie sólida.

188 Mercurio es el planeta más cercano al Sol. Si pudieras colocarte en la superficie de Mercurio, verías el Sol tres veces más grande que desde la Tierra.

189 Aunque Venus solo es el segundo planeta más cercano al Sol, es el más caliente de todo el sistema solar. Su espesa atmósfera atrapa el calor como en un invernadero.

190 Venus está rodeado de espesas nubes formadas de ácido sulfúrico. ¡Y por eso huele a huevos podridos!

191 En Marte las puestas de sol parecen azules. Eso sucede por el polvo que difumina la luz del sol.

192 ¡Aunque no hay humanos viviendo en Marte, sí que hay robots! Los exploradores robóticos recorren la superficie para averiguar más cosas sobre el planeta rojo.

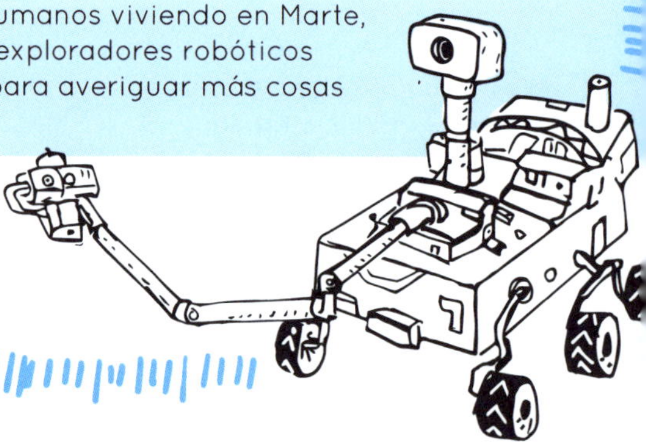

193 Júpiter es al mismo tiempo el más grande y el más viejo de todos los planetas. Es tan grande que todos los demás planetas del sistema solar cabrían dentro de él.

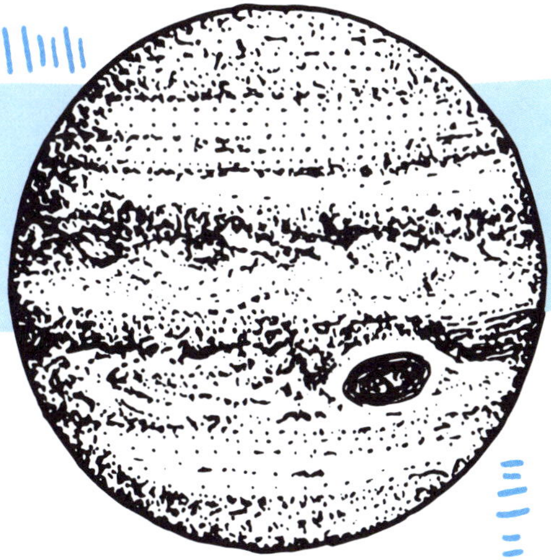

194 La Gran Mancha Roja es una tormenta que lleva cientos de años azotando la superficie de Júpiter. Tiene dos veces la anchura de la Tierra.

195 A la misión New Horizons le ha costado más de nueve años llegar de la Tierra a Plutón. Si pudieras ir volando en un avión a Plutón, ¡tardarías más de ochocientos años en llegar!

196 El eje de rotación de Urano está inclinado casi 90 grados. Eso hace que parezca girar hacia arriba o hacia abajo cuando orbita en torno al Sol.

197 El Sol resulta unas 900 veces más brillante en la Tierra que en Neptuno. En el mediodía de Neptuno el Sol solo es tan brillante como en un crepúsculo en la Tierra.

198 Los vientos de Neptuno son los más fuertes del sistema solar. Azotan la superficie tan rápido como un caza militar.

199 Plutón recibió su nombre de una niña de once años. Venetia Burney bautizó al planeta enano en 1930.

200 **Saturno tiene las lunas más famosas de todos los planetas del sistema solar. Esas lunas varían en tamaño desde las que son tan pequeñas como un estadio deportivo a la que es más grande que el planeta Mercurio.**

Comida y bebida

201 El refresco de cola empezó vendiéndose en una farmacia.

202 Dice la leyenda que el té fue descubierto por el emperador chino Shen Nung en el año 2732 a. e. c. cuando el viento le metió unas hojas en su agua hirviendo.

203 En el Reino Unido se beben unos cien millones de tazas de té cada día.

204 Cada año se producen más de 500 millones de toneladas de arroz.

205 Existen más de 120 000 tipos de arroz distintos.

206 Los fideos más antiguos que han llegado a nuestros días tienen 4 000 años.

207 En italiano, un solo espagueti se llama *spaghetto*. En italiano muchas palabras hacen su plural en «i».

208 La *pizza* más grande que se ha cocinado hasta el día de hoy ¡era casi tan grande como una pista de *hockey* sobre hielo!

209 El «principio *pizza*» de Nueva York decía que un billete de metro costaba lo mismo que una porción de *pizza*. Se ha estado cumpliendo hasta hace pocos años, cuando subió mucho el precio de la *pizza*.

211 En la antigua Grecia se colocaron velas sobre una tarta por primera vez. Se hizo para rendir tributo a la diosa griega de la luna, Artemisa. Las tartas eran redondas para simbolizar la luna, y las velas se añadían para imitar la luz especular de la luna.

212 Las palomitas de maíz se comían como tentempié en el antiguo Perú.

213 La sal de mesa generalmente no tiene olor.

214 En torno al 80 % de todas las almendras del mundo se producen en el estado de California, en EE. UU.

215 La superestrella musical Elvis Presley adoraba la mantequilla de cacahuete y los sándwiches de plátano.

216 La miel es uno de los alimentos más antiguos de la Tierra.

217

Se ha encontrado queso en la tumba de Ptahmes, un alcalde de Egipto. ¡Queso con 3200 años de «maduración»!

218 El agua artificialmente carbonatada la inventó Joseph Priestley en Leeds, Yorkshire, en 1767.

219 Una mazorca de maíz media tiene 800 granos dispuestos en 16 filas.

220 Según la leyenda, fue un pastor de cabras de Etiopía el que descubrió los granos de café en el siglo IX.

221 Los granos de café son parte de un fruto. Cada grano es una semilla de la planta del café.

222 Se necesitan unos 50 lametones para acabar con una cucharada de helado.

223 La palabra «yema» (del huevo) viene del mismo origen que «gema» (piedra preciosa).

224 Nada menos que un tercio de la comida que se produce en el mundo cada año se pierde o va a la basura.

Reptiles y anfibios

225 Las tortugas se encuentran entre los animales más antiguos de la Tierra. ¡Llevan por aquí más de 230 millones de años!

226 Los cocodrilos de agua salada del norte de África tienen el mordisco más fuerte de todos los animales de nuestro planeta. Los dientes de estos cocodrilos se caen y vuelven a crecer a lo largo de su vida. ¡Llegan a tener más de tres mil!

227 Si la lengua de un camaleón fuera un coche, podría acelerar de 0 a 100 km/h en una centésima de segundo. ¡Eso sí que es un buen arranque!

228 Los gecos se desprenden de la cola si son atacados, ¡con la esperanza de que el depredador los deje en paz! También usan la cola para equilibrarse, para almacenar grasa que les dé energía, y para camuflarse.

229 Los dragones voladores son unos lagartos que usan membranas de piel para deslizarse por el aire. La larga cola los ayuda a cambiar el rumbo.

230 El dragón de Komodo es el lagarto más grande del mundo. Puede ser tan largo como un coche pequeño, y su cola es tan larga como el resto de su cuerpo.

231 El reptil más pequeño del mundo podría ser el diminuto camaleón *Brookesia nana*, que no es más grande que una pipa de girasol.

232

La mayoría de las serpientes solo tienen un pulmón operativo. El pulmón derecho está completo, pero el izquierdo a menudo es pequeño o está completamente ausente.

233 Los caimanes tienen cinco dedos en las patas delanteras, pero solo cuatro en las traseras. Los cuatro dedos de las de atrás tienen membranas que los ayudan a avanzar en el agua.

234 Las tortugas adultas modernas son los únicos reptiles que carecen de dientes. Para coger la comida tienen un pico semejante al de los pájaros.

235 La tortuga laúd es la única tortuga marina que carece de un caparazón duro. Por el contrario, su caparazón es flexible, como de goma.

236 La serpiente más tóxica del mundo es la serpiente taipán. Se calcula que una sola mordedura de esta serpiente contiene veneno para matar a cien adultos, aunque, que se sepa, nunca ha matado a ningún humano.

237 Las serpientes no son viscosas. Están cubiertas de escamas secas, que mudan cada pocos meses.

238 El lagarto más rápido del mundo es la iguana negra de cola espinosa. Puede correr a 48 km/h, ¡más rápido que un velocista!

239 Si un lagarto pierde la cola, le puede crecer una nueva. Los tritones van un poco más allá: ¡pueden regenerar partes de su corazón, de su cerebro y hasta de sus ojos!

Comportamiento humano

240 Una persona media pasa 92 días de su vida en el váter.

241 El pensamiento negativo continuado puede debilitar el sistema inmune, haciendo más probable que uno se ponga enfermo.

242 La gente tiende a ser más feliz cuando está más atareada... ¡seguramente porque no tiene tiempo para albergar pensamientos negativos!

243 Abrazar a una persona durante veinte segundos puede aumentar la confianza en esa persona y reducir el estrés.

244 Está científicamente demostrado que la bondad mejora tu salud y bienestar. Cuando eres bueno con alguien, tu cuerpo libera hormonas que protegen tu corazón, mejoran tu estado de ánimo e incluso ralentizan el envejecimiento.

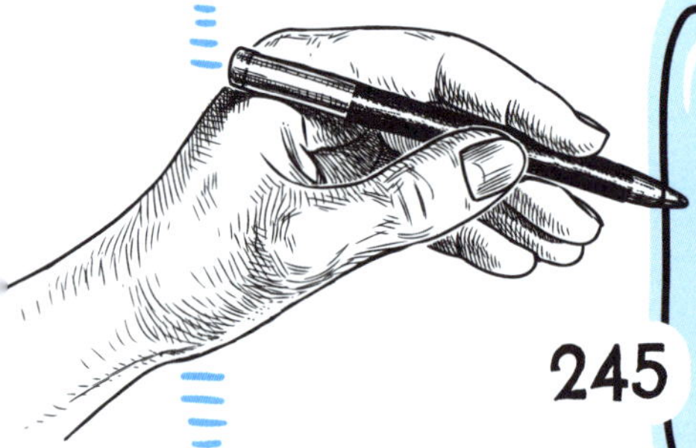

245 **Aproximadamente el 10% de la población mundial es zurda. Zurdos famosos incluyen al expresidente de EE. UU. Barack Obama, el primer ministro del Reino Unido de los tiempos de la Segunda Guerra Mundial, Winston Churchill, y la estrella canadiense Justin Bieber.**

246 Se puede distinguir a los gemelos idénticos por el ombligo. Esa es una cicatriz de nacimiento que resulta distinta en cada persona.

247 El color favorito del mundo es el azul. Otros colores de gran aceptación son el rojo, el morado y el verde.

248 Es posible que las mujeres puedan ver más tonos de rojo que los hombres. El rojo es también el primer color que pueden ver los bebés.

249 **Hay diecinueve tipos distintos de sonrisa, que incluyen la sonrisa genuina y la sonrisa de vergüenza.**

250 Cada año nacen aproximadamente 130 millones de personas. ¡Todos los días es el cumpleaños de alguien!

251 Cuesta una media de 66 días convertir algo en un hábito. Lo más importante durante ese tiempo es hacer esa actividad de manera regular y sistemática.

252 La comida tiende a saber mejor cuando te la hace otro. Hay estudios que muestran que la comida también sabe mejor cuando ves a alguien comiendo lo mismo que tú.

253 Los recuerdos empiezan a formarse incluso antes de nacer. Hay estudios que apuntan a que los bebés pueden reconocer música que oyeron cuando estaban en el útero.

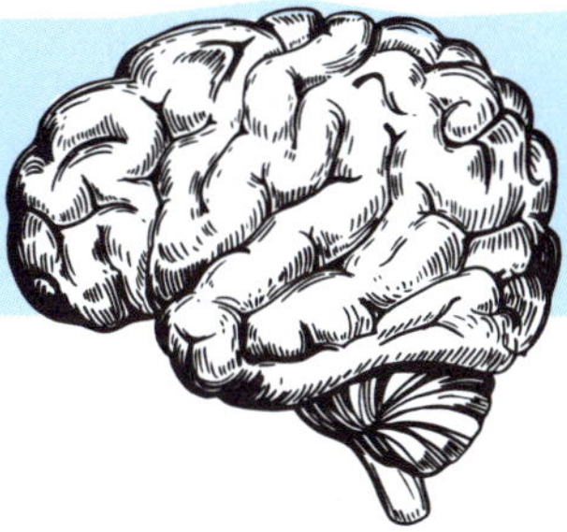

254 Cuando hacemos nuestras actividades cotidianas, nuestra mente vaga perdida al menos el 30 % del tiempo.

Bajo el mar

255 Alrededor del 70 % de la superficie del planeta está cubierta por océanos.

256 Los océanos contienen el 96,5 % de toda el agua de la Tierra.

257 Lo más profundo del océano, que es la fosa de las Marianas, es más profundo que altas son las mayores montañas de la Tierra.

258 La cordillera de montañas más grande de nuestro planeta se encuentra bajo el agua.

259 La Gran Barrera de Coral es el único elemento vivo que se puede ver desde el espacio.

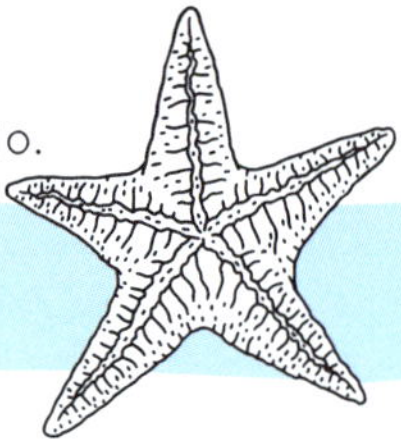

260 Las estrellas de mar no tienen ni sangre ni cerebro.

261 La lengua de una ballena azul puede pesar tanto como un elefante.

262 ... Y su corazón, tanto como un coche pequeño.

263 El pulpo mimo puede cambiar de color y también de forma corporal para imitar a otras criaturas marinas.

264 Los pulpos tienen tres corazones.

265

Los tiburones no tienen espinas.

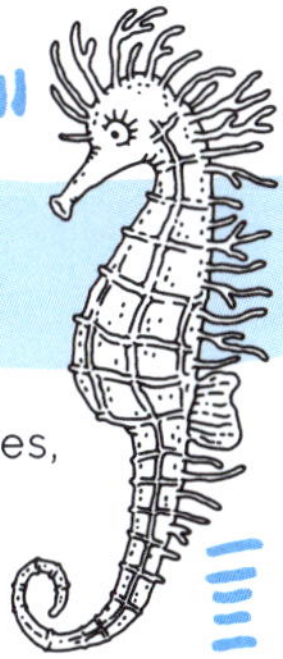

266 Los caballitos de mar y los dragones marinos son las únicas especies en que da a luz el macho y no la hembra.

267 Cada tiburón ballena tiene su propio patrón de lunares, tan exclusivo como tus huellas digitales.

268 El cuerno de un narval es en realidad un diente superlargo.

269 Los delfines pueden reconocerse a sí mismos en un espejo.

270 Las langostas hacen pis por la cara.

271 La raya de aguijón tiene una forma aplastada que le permite esconderse en el fondo del agua. Como tienen los ojos en el lado de arriba y la boca en el de abajo, no ven lo que comen.

272

El pez globo puede inflarse y adquirir varias veces su tamaño original.

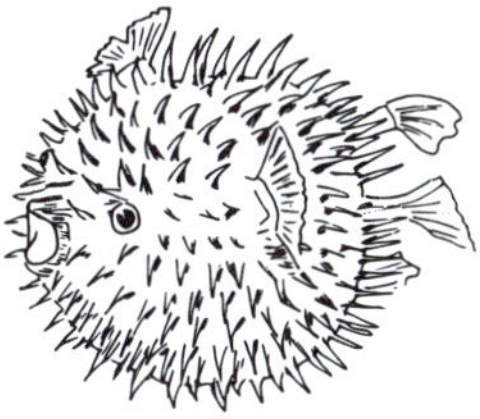

273 Las gambas tienen el corazón en la cabeza.

274 La anguila eléctrica no es una anguila, sino un pez.

275 Los ojos de un calamar gigante pueden ser tan grandes como pelotas de playa.

276 La «medusa inmortal» puede revertir su edad: ¡continuamente pasa de adulto a bebé y no muere nunca!

277 En aguas profundas, el rape hembra atrae a sus presas con una luz que les sale de encima de la cabeza.

278 La ballena azul ingiere al día hasta 40 millones de unos pequeños crustáceos, semejantes a las gambas, que se reúnen en un banco llamado kril.

279 Más del 95 % del océano sigue sin ser explorado.

280 El cangrejo ermitaño se muda a una nueva concha al crecer.

Lenguas y palabras

281 En el planeta se hablan más de 7 000 lenguas.

282 Se encuentran en peligro aproximadamente el 44 % de las lenguas. Muchas tienen menos de mil hablantes.

283 La lengua más hablada en el mundo es el inglés, seguida por el chino mandarín.

284 El teclado usual en los ordenadores se llama «QWERTY» porque esas son las primeras letras que aparecen en la fila superior. Fue patentado en 1868.

285 «PERÚ» es el único nombre de país que se puede escribir en un teclado usando solo una fila de letras.

286 La criptofasia es el lenguaje secreto que inventan algunos hermanos gemelos, para que nadie más pueda comprenderlo.

287 La lengua más reducida del mundo es el Toki Pona, que solo cuenta con 123 palabras.

288 La palabra «alfabeto» viene de las primeras dos letras del alfabeto griego: alfa y beta.

289 Las primeras palabras pronunciadas en un teléfono las dijo Alexander Graham Bell a su ayudante: «Mr Watson, come here – I want to see you». (Señor Watson, venga aquí: quiero verle).

290 Thomas Edison propuso que «hello» fuera el saludo estándar en inglés al coger el teléfono. En castellano se dice «¿diga?» o «¿bueno?», que se emplea en México.

291 La letra más usada en inglés es la «e». En español es la «a».

292 El país que tiene más lenguas oficiales es Bolivia: ¡treinta y siete!

293 Más o menos la mitad de la población mundial puede hablar más de una lengua.

294 El alfabeto más corto del mundo seguramente es el de la lengua rotokas, de Papúa Nueva Guinea. Solo tiene doce letras y once sonidos.

295 Al diccionario inglés se le añaden unas mil palabras nuevas cada año.

296 Un políglota es una persona que conoce y usa varias lenguas.

297 Los hawaianos tienen más de 200 palabras para describir distintas formas de lluvia.

298 La palabra más larga que figura actualmente en el diccionario de la Real Academia Española es «electroencefalografista». Tiene 23 letras y se refiere a una persona que se ocupa en registrar las descargas eléctricas de la corteza cerebral.

299 El pueblo de Europa con el nombre más largo está en Gales y es: «Llanfairpwllgwyngyllgogerychwyrndrobwllllantysiliogogogoch».

300 Si cambias de orden las letras de las palabras inglesas «the eyes», puedes obtener: «they see».

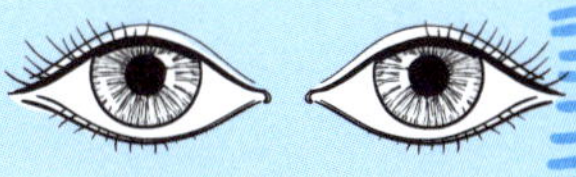

301 Escrita en letras mayúsculas, la palabra «SWIMS» («nada» en inglés) se puede leer igual bocabajo.

302 La única letra que no aparece en ningún estado de Estados Unidos es la «q».

303 En inglés, más de 1 700 palabras provienen del gran dramaturgo William Shakespeare.

304 Un pangrama es una frase que contiene todas las letras del alfabeto. Por ejemplo: «Joven emponzoñado con *whisky*, ¡qué mala figura exhibiste!».

Reyes y reinas

305 En la actual baraja de póquer, el rey de corazones es el único rey que no tiene bigote. Es probable que lo perdiera en las copias sucesivas que durante años se hicieron de los dibujos.

306 El marido de la reina Victoria, Albert, murió en 1861, cuando la reina tenía 42 años. Victoria nunca superó su muerte, y se vistió de negro, en señal de luto, durante el resto de su vida.

307 Cleopatra, la famosa faraona egipcia, no era egipcia. Su familia procedía de Grecia.

308 En 1252, el rey de Noruega le regaló un oso blanco a Enrique III de Inglaterra. El oso vivió en la Torre de Londres. Lo bajaban regularmente al Támesis a que se diera un baño y cazara algo de comida.

309 La reina de Francia María Antonieta fue un icono de la moda de su tiempo. Sus pelucas llegaban en ocasiones a alcanzar el metro de altura, y contenían cintas, flores, joyas, y hasta, en alguna ocasión, ¡la maqueta de un barco!

310 Las sandalias del famoso faraón egipcio Tutankamón se encontraron en su tumba. En las suelas estaban pintados sus enemigos, ¡así que él los pisaba dondequiera que iba!

311 Se dice que Mansa Musa, el rey del imperio de Malí hasta 1337, es el hombre más rico que haya habido nunca. Repartió tanto oro ¡que hizo bajar su precio!

312 La mañana de la coronación de la reina Isabel II del Reino Unido, encontraron a un gato negro llamado Matins durmiendo en el trono.

313 Esa coronación, la de la reina Isabel II en 1953, fue la primera que se retransmitió por televisión. En el Reino Unido, se estima que la vieron 27 millones de personas.

314 En 1830, Luis XIX de Francia fue rey durante solo veinte minutos, antes de renunciar al trono.

315 En 1926, el futuro rey de Inglaterra, Jorge VI, compitió en el campeonato de dobles de Wimbledon. Perdió.

316 Los miembros de la familia real británica no tienen permitido firmar autógrafos. ¡Eso es así para que nadie pueda copiarles la firma!

317 El rey Luis XIV de Francia convirtió todo lo que hacía en un espectáculo para sus cortesanos. Incluso tenía una ceremonia de levantarse y otra ceremonia de acostarse.

318 La reina Isabel II pedía a una persona de su séquito que le estrenara los zapatos. Aquella persona tenía su mismo número de calzado, y se aseguraba de que los zapatos resultaran cómodos cuando ella quisiera llevarlos.

319 El reinado más largo que se conoce es el del rey Sobhuza II. Reinó en Suazilandia durante 82 años.

El clima

320 En nuestro planeta caen 44 rayos cada segundo.

321 El lugar que recibe más rayos de la Tierra es el lago Maracaibo, en Venezuela.

322 En realidad, los arcoíris son círculos completos. A veces pueden verse los arcoíris circulares desde el avión.

323 El sol se tiene que encontrar en un ángulo exacto para que se formen los arcoíris: a menos de 42 grados desde el horizonte.

324 Un doble arcoíris es cuando se puede ver un segundo arcoíris, más apagado, por encima del principal.

325 Un arcoíris lunar es como un arcoíris normal, solo que está causado por la luz de la luna en vez de por la luz solar.

326 Un arcoíris de niebla se forma cuando la luz del sol se refleja y refracta en la niebla.

327 El lugar más frío de la Tierra es la Antártida, donde las temperaturas pueden caer hasta los 98° centígrados bajo 0.

328 La temperatura más alta jamás registrada en la Tierra fue 56,7° C en el valle de la Muerte, en California, en 1913.

329 Aunque los copos de nieve parezcan blancos, en realidad no tienen color.

330

Una tormenta de nieve es una tormenta eléctrica en la que cae nieve en vez de lluvia.

331 Después de una nevada la sensación de silencio es real: se debe a que la nieve recién caída absorbe y amortigua el ruido.

332 ¡Las tormentas muy fuertes pueden atrapar, y después arrojar con el agua de lluvia, algunos seres vivos como ranas, peces y calamares!

333 En marzo de 1876, en Kentucky, en Estados Unidos, ¡llovieron trozos de carne!

334 El lugar más lluvioso de la Tierra es Mawsynram, en la India.

335

Si una piña de pino se cierra, es por la lluvia. Si se abre, es porque va a hacer buen tiempo.

336 La lluvia roja tiene lugar cuando se mezclan en el agua de la lluvia polvo o partículas, dando a la lluvia un aspecto rojizo al caer.

337 El viento silba al pasar a través de sitios pequeños, igual que tú puedes silbar haciendo pasar aire por entre los labios apretados.

338 El granizo puede ser tan pequeño como un guisante o tan grande como un pomelo.

339 Las nubes que en la oscuridad parecen tener brillos azules o plateados se llaman nubes noctilucentes.

340 El canto de los grillos varía dependiendo de la temperatura.

341 Cuando las algas secas se humedecen, puede ser un indicio de que va a llover.

342 Los científicos piensan que en Urano y Neptuno llueven diamantes.

343 En algunas partes del desierto de Atacama en Chile llueve una vez cada varios siglos.

Vehículos y viajes

344 El vuelo comercial más largo del mundo duraba más de 30 horas. El «doble amanecer» hizo el trayecto de Australia a Sri Lanka desde 1943 a 1945, y los pasajeros contemplaron dos veces el amanecer.

345 ¡El vuelo comercial más corto solo dura dos minutos! Viajar de una isla a otra de Escocia lleva menos tiempo que hervir un huevo.

346 Los pasajeros japoneses pueden pedir un «certificado de demora» para mostrar a su jefe o su profesor si el tren llega con más de cinco minutos de retraso.

347 La carretera más larga del mundo es la carretera Panamericana. En su recorrido desde Alaska hasta Argentina, atraviesa 14 países y seis zonas horarias diferentes.

348 El tren más rápido del mundo viaja a velocidades de hasta 460 km/h. El Maglev de Shanghái, en China, usa la electricidad y la levitación magnética para sobrevolar la vía.

349

Normalmente, el piloto y el copiloto no comen lo mismo antes de un vuelo. De esa forma, si uno de ellos se intoxica, el otro aún podrá pilotar el avión.

350 El *jet lag* es la sensación de extremo cansancio después de un vuelo que atraviesa distintas zonas horarias. Por lo visto, resulta peor cuando se viaja de oeste a este.

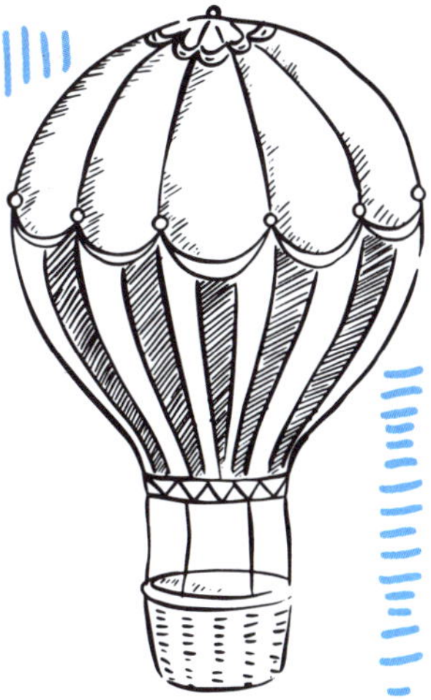

351

En 1783, los primeros pasajeros de un globo de aire caliente fueron una oveja, un pato y un gallo. Volaron por el cielo durante ocho minutos.

352 Para poder conducir un taxi en Londres, el taxista necesita pasar un examen que incluye conocer 25 000 calles y 20 000 puntos de referencia. ¡Puede costar más pasar ese examen que conseguir un título universitario!

353 Los taxis negros de Londres tienen el techo más alto que la mayoría de los coches. Eso viene de la vieja norma de que debían tener la altura suficiente para permitir a los pasajeros llevar un sombrero hongo.

354 En Inglaterra se hizo famoso un perro por viajar él solo en autobús. ¡Ratty, un *Jack Russell,* cogía el número 10 hasta un *pub* local para comer salchichas!

355 El metro de Pekín lleva más de tres mil millones de personas al año. ¡Eso son unos diez millones al día!

356 El crucero más grande del mundo tiene 365 metros de longitud. Es unas cinco veces más grande que el *Titanic*. Tiene 20 cubiertas, más de 40 restaurantes y cafeterías, y puede transportar a 7600 pasajeros.

357 El puente más alto del mundo es el viaducto de Millau, en Francia. Su mayor altura, de arriba abajo, es de 343 metros: ¡es más alto que la torre Eiffel!

358 El puente colocado a mayor altura en el mundo es el puente Beipanjiang, en China. Pasa a 565 metros por encima del fondo, y se conoce también como puente Duge.

Planeta Tierra

359 La Tierra no es perfectamente esférica. Es más ancha en el ecuador. Además, su superficie se eleva en las montañas y se hunde en las fosas oceánicas.

360 Tú pesas un poco menos en el ecuador que en los polos.

361 La Tierra es el único planeta del sistema solar que no toma su nombre de un mito griego o latino. En su lugar, su nombre procede de una palabra latina que se refiere a la sequedad: tierra es, en especial, la parte seca de la superficie.

362 Los días en la Tierra se van alargando muy lentamente. Cuando la Tierra se formó, hace 4 600 millones de años, el día duraba unas seis horas.

363 La isla de Henderson, en el océano Pacífico, no tiene habitantes humanos, y sin embargo está cubierta de millones de piezas de basura. La basura viaja por el océano y recala en la costa de la isla.

364 El monte Everest es la montaña más alta del mundo por encima del nivel del mar, pero Mauna Kea, en Hawái, es en realidad más alta desde el pie a la cumbre. Es la montaña más alta del mundo. Sin embargo, más de la mitad de esa montaña se encuentra bajo el agua.

365 El punto más bajo de la Tierra es el mar Muerto, en el borde de Israel y Jordania. Se encuentra a unos 436 metros por debajo del nivel del mar.

366 En el valle de la Muerte, en Estados Unidos, las pesadas rocas se mueven por el llano suelo. Estas «rocas navegantes» dejan un largo rastro que es la prueba de su movimiento.

367 Cada año alcanzan la Tierra miles de rocas del espacio. En 1954, Ann Hodges fue la primera persona en ser directamente herida por una de ellas.

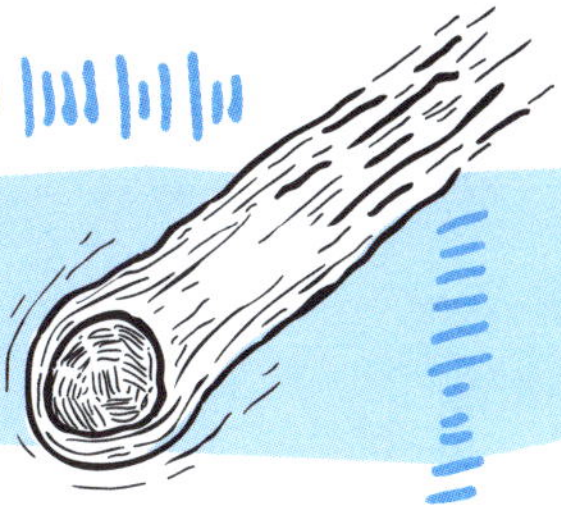

368 La cordillera de los Alpes, en Suiza, está al mismo tiempo creciendo y mermando. En ciertas zonas, las montañas se van levantando; y en otras zonas, partes de la montaña se erosionan.

369

Un tornado puede alcanzar velocidades de hasta 480 km/h. Esa velocidad es suficiente para arrancar árboles de cuajo, desplazar cientos de kilómetros pesados objetos como coches, e incluso llevarse los tejados de las casas.

370 El lago Hilier en Australia es de un color rosa brillante. Los científicos piensan que unas bacterias y algas especiales le dan ese tono rosa al lago.

371 Los hábitats desérticos cubren más o menos un tercio de la superficie de los continentes.

372 Si pudieras trazar una línea recta que atravesara de un lado al otro de la Tierra pasando por el centro, esta tendría 12 756 kilómetros... ¡más de 100 000 campos de fútbol!

373 Hay más árboles en la Tierra que estrellas en nuestra galaxia, la Vía Láctea.

Plantas

374 Se piensa que el árbol vivo más viejo de la Tierra es un pino de conos erizados llamado Matusalén. Tiene más de 4850 años.

375 El olor a hierba recién cortada es en realidad la señal de la hierba que advierte a otras plantas de su apurada situación.

376 La planta más olorosa del mundo es conocida como aro gigante o flor de cadáver. ¡Huele a carne podrida y ese hedor puede alcanzar casi un kilómetro!

377 La victoria regia es un nenúfar cuya hoja es tan grande y fuerte que puede soportar sin hundirse el peso de un niño.

378 ¡Un árbol mediano contiene madera suficiente para hacer 170 100 lápices!

379 Los científicos han desarrollado petunias que brillan en la oscuridad.

380

El girasol más alto del que se tiene constancia midió 9,17 metros. Fue cultivado en Alemania por Hans-Peter Schiffer, que ya antes había batido el récord del girasol más alto.

381 La catahua tiene grandes frutos que explotan con un fuerte ruido al esparcir sus semillas.

382 Existen unas 30 000 especies de plantas que podríamos comer sin que nos pasara nada. Sin embargo, solo comemos unas 200.

383 Solo tres plantas (el maíz, el arroz y el trigo) suman más de la mitad de las proteínas y las calorías de la dieta humana.

384 Cada año, los científicos nombran unas dos mil nuevas especies de plantas.

385 El bambú es la planta de crecimiento más rápido del mundo. ¡Ciertas especies de bambú crecen hasta 91 centímetros en un solo día!

386 La secuoya gigante puede crecer hasta los 83 metros... ¡casi tan alta como la estatua de la libertad!

387 En el Reino Unido, los robles tienen más posibilidades de que les caiga un rayo que otros árboles.

388 Existen casi 700 especies de plantas carnívoras... ¡plantas que devoran animales vivos!

389 Las hojas de la grasilla están recubiertas de un fluido pegajoso que atrapa insectos.

390 La venus atrapamoscas se cierra de golpe para atrapar a su presa cuando algún bicho se le acerca.

391 Los insectos son atraídos por el néctar que hay dentro de un tipo de plantas carnívoras llamadas plantas jarra... y ya no vuelven a salir.

392 La araucaria, llamada en inglés «monkey puzzle tree», proviene de Chile... donde no hay monos nativos.

393 La «agricultura de guerrilla» consiste en cultivar plantas en espacios públicos sin permiso.

394 En el pasado, la hierba estornudatoria se empleó en polvo para provocar el estornudo.

395 Hay una planta llamada en inglés «kangaroo paw» (pata de canguro) por la extraña forma de sus flores.

396 Los tulipanes llegaron a ser tan apreciados que hubo una burbuja económica conocida como «la tulipomanía».

397 Existe un tipo de palmera que solo florece bajo tierra.

Aves

398 Los científicos estiman que habrá al menos cincuenta mil millones de aves salvajes en el mundo… puede que más.

399 La cabeza blanca del águila americana puede producir la impresión de que es calva, y en inglés se llama «bald eagle» («águila calva»). Sin embargo, bald viene de una palabra del inglés antiguo, «balde», que significaba «blanco».

400 Durante la Primera y la Segunda Guerras Mundiales se usaron palomas para enviar mensajes.

401 Para atraer a las lombrices y que salgan a la superficie, las gaviotas ejecutan una especie de baile golpeando el suelo con las patas, una especie de claqué. Las lombrices salen pensando que está lloviendo.

402 El pájaro más pequeño que existe es el colibrí zunzuncito. ¡Pesa lo mismo que un anacardo!

403 Los pollos pueden reconocer caras y tener sueños.

404 El avestruz es el ave más grande del mundo, y la más rápida de las que no llegan a volar.

405 El ave más rápida en el cielo es el halcón peregrino. Puede abalanzarse a velocidades de unos 320 km/h.

406 El albatros es el ave actual con mayor envergadura.

407 Los flamencos no nacen de color rosa. El color se lo da su alimentación.

408 El charrán ártico viaja cada año de la punta norte del mundo a la punta sur, y vuelve.

409 Los huesos de algunas aves están huecos.

410 Las aves no tienen glándulas sudoríparas, así que no sudan.

411 El pingüino emperador es tan alto como un niño de seis años.

412 Los estorninos se reúnen en enormes bandadas de miles de ejemplares que dibujan espectaculares movimientos en el cielo.

413 Los pinzones y los canarios se utilizaron en las minas de carbón para detectar el monóxido de carbono desde el siglo XVIII hasta el XX.

414 Antes de ser aceptados como pareja por el sexo opuesto, muchos tipos de córvidos se someten a una serie de pruebas que incluyen hazañas acrobáticas.

415 El pájaro carpintero se comunica tamborileando con el pico contra los árboles.

416 Los patos tienen tres párpados.

417 Casi la mitad de los países del mundo tienen un pájaro nacional.

418 Según la leyenda, en la Torre de Londres tienen que permanecer seis cuervos. El día que dejen de estar ahí, se desplomarán la torre y la monarquía.

419 El pavo real macho tiene una imponente y bellísima cola que lo hace más fácil de cazar, pero más fácil de elegir por las hembras.

420 El pico de un tucán es tan grande que supone casi la mitad de la longitud total de esa ave.

421 El colibrí pico-espada tiene el pico tan largo que no se puede acicalar las plumas con él, y tiene que usar las patas.

422 El pitohuí bicolor de Nueva Guinea es uno de los poquísimos pájaros que tienen las plumas y piel tóxicas.

423

Los colibríes son las únicas aves que pueden volar hacia atrás todo el tiempo que quieran.

Científicos famosos

424 El famoso científico Albert Einstein tocaba el violín, rechazó el cargo de presidente de Israel, y odiaba ponerse calcetines.

425 Thomas Edison inventó el fonógrafo, una máquina que podía grabar sonidos y reproducirlos. En la primera grabación aparece él recitando las palabras: «Mary had a little lamb». (O sea: «María tenía un corderito»).

426 Katherine Johnson trabajó como uno de los «ordenadores humanos» de la NASA. Ayudaba a los astronautas a entrar en el espacio y volver a casa sanos y salvos.

427 El dedo corazón del astrónomo Galileo Galilei está expuesto en un museo de Italia.

428 El biólogo Charles Darwin nació el mismo día que el presidente de EE. UU. Abraham Lincoln: el 12 de febrero de 1809.

429 El filósofo y matemático Pitágoras odiaba sinceramente las alubias. ¡No se las comía, y también prohibía hacerlo a sus seguidores!

430 **Marie Curie fue la primera mujer que ganó el Premio Nobel. También es la única persona que lo ha ganado en dos ocasiones por dos ciencias distintas: física y química.**

431

Se dice que el perro de Isaac Newton, *Diamond*, golpeó una vela y provocó que se quemaran importantes papeles suyos.

432 En 1543, Copérnico publicó un libro demostrando que los planetas giraban alrededor del sol. Ese fue un descubrimiento trascendental. Murió ese mismo año.

433 El físico e ingeniero Nikola Tesla sentía pasión por las palomas. En particular había un pichón blanco al que decía querer como a un humano.

434 Cuando solo tenía 15 años, Louis Braille empezó a desarrollar un código de puntos en relieve que los ciegos podían leer con las yemas de los dedos. El sistema Braille es ahora usado en más de 130 lenguas.

435 George Washington Carver encontró más de 300 usos para los cacahuetes. Su trabajo ayudó a mejorar las condiciones de los granjeros negros en el sur de Estados Unidos.

436 El ecologista sir David Attenborough ha viajado investigando e informando sobre el planeta. ¡No hay un continente que no haya visto!

437 La matemática Ada Lovelace es a menudo considerada la primera programadora del mundo, aunque vivió en el siglo XIX... ¡cien años antes de que aparecieran los primeros ordenadores!

438 Después de la muerte del profesor Stephen Hawking, sus palabras sobre la paz y la esperanza fueron puestas en música y lanzadas al espacio, en dirección al agujero negro más cercano.

Alrededor del mundo

439 La frontera entre China y Nepal pasa por las montañas del Himalaya... ¡y atraviesa el Everest!

440 La frontera entre Canadá y Estados Unidos pasa por en medio de una biblioteca pública.

441 La frontera terrestre continua más larga del mundo es la que separa a Canadá de Estados Unidos.

442 La soberanía de la isla de los Faisanes se alterna entre España y Francia cada seis meses.

443 Canadá es el país con más lagos del mundo: ¡más de dos millones!

444 Aunque China se extiende por cinco husos horarios, el país entero sigue la hora de Pekín.

445 Rusia es casi 39 millones de veces más grande que la Ciudad del Vaticano.

446 Suecia es el país del mundo con más islas.

447 El país más pequeño del mundo es la Ciudad del Vaticano. Cabría tres veces dentro del parque del Retiro.

448 En Islandia, una de cada diez personas publicará un libro a lo largo de su vida.

449 En los Países Bajos hay más bicicletas que personas.

450 En Australia viven más canguros que personas.

451 El país con más aeropuertos del mundo es Estados Unidos.

452

Por las cataratas del Niágara cae, cada minuto, agua suficiente para llenar un millón de bañeras.

453 La bandera de Nepal es la única bandera nacional que no tiene forma de rectángulo ni cuadrada.

454 El estudio de las banderas se llama vexilología.

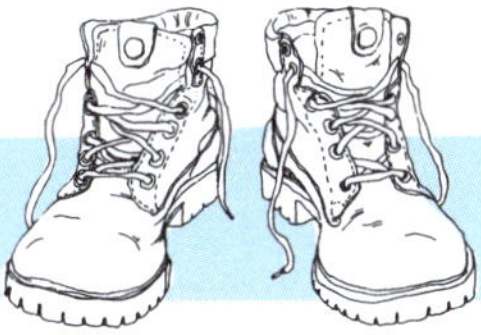

455 Dar la vuelta al mundo andando le costaría a un adulto, más o menos, un año.

456 Finlandia figura, año tras año, como el país más feliz de la Tierra.

457 En Japón, más de una cuarta parte de las personas tienen más de 65 años.

458 El color de ojos más frecuente en el mundo es el castaño.

459 Una de las combinaciones de ojos y pelo más raras del mundo es la de pelo rojo y ojos azules.

460 De los 8 200 millones de personas que hay en el mundo en 2025, más de 5 500 millones usan internet.

461 Más de la mitad de las personas del mundo viven en ciudades.

462 El aparcamiento de coches más grande del mundo está en el West Edmonton Mall en Canadá. Caben 20 000 vehículos.

Viajes espaciales

463 Han caminado más personas por la Luna que por la parte más profunda del oceano.

464 Si hubiera una autopista que nos sacara de la Tierra, solo nos costaría una hora llegar a lo que llamamos «el espacio».

465 La primera plataforma de aterrizaje para ovnis (objetos voladores no identificados) del mundo se construyó en Saint Paul, Canadá, en 1967. La ciudad quería mostrar que le daban la bienvenida a todo el mundo, ya fuera de la Tierra o de más allá.

466 En 1969, tres astronautas americanos viajaron a la Luna. Neil Armstrong fue la primera persona de la historia en pisar la superficie de la Luna, seguido por Buzz Aldrin. Michael Collins se quedó a bordo, en el módulo de mando.

467 Las huellas dejadas por los humanos en la Luna no desaparecen en muchos años, porque en la Luna no hay viento ni agua que las borre.

468 Un teléfono inteligente de los de hoy tiene mucha más potencia computacional que el ordenador que guio la misión del Apolo a la Luna.

469

El Voyager 1 es el objeto hecho por el hombre que se encuentra más lejos de la Tierra. Ha abandonado nuestro sistema solar y entrado en el espacio interestelar… ¡y, en 2025, sigue viajando!

470

Algunas sondas mandadas al espacio portan mensajes destinados a formas de vida no humanas que pudieran encontrarlas. Esos mensajes incluyen saludos en distintas lenguas, música de la Tierra y sonidos de ballenas.

471 La Estación Espacial Internacional da una vuelta alrededor de la Tierra cada 90 minutos. Los astronautas que se encuentran a bordo contemplan 16 salidas del sol y otras tantas puestas del sol cada día.

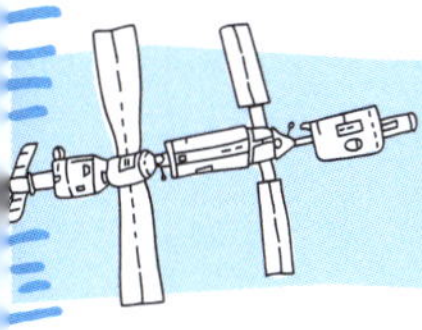

472 Unas siete personas de distintos países viven y trabajan en la Estación Espacial Internacional, en un espacio mayor que una casa de seis dormitorios.

473 En 1961, la primera persona que llegó al espacio fue el cosmonauta ruso Yuri Gagarin. ¡Cuando volvió a la Tierra, cayó al suelo en paracaídas, sobre un patatal!

474 A un paseo espacial se le llama, también, «actividad extravehicular». Cuando los astronautas salen de la nave para trabajar en el espacio, van atados para no alejarse flotando.

475 La Sonda Solar Parker es el objeto construido por el ser humano más cercano al Sol. En 2021 se convirtió en la primera nave espacial que atravesaba la corona: la ardiente atmósfera exterior del Sol.

476 La Sonda Solar Parker es también el artefacto más rápido del espacio. ¡Puede viajar casi 400 veces más rápido que un caza!

477 Algunos de los primeros cohetes se inventaron en China hace cientos de años. Propulsados por explosiones de pólvora, se usaban como arma... ¡y para fuegos artificiales!

Fruta y verdura

478 La fruta más consumida en el mundo es el plátano.

479 El espárrago puede crecer unos 10 centímetros en un solo día. Eso es lo que mide un palito de polo.

480 A algunas personas, cuando comen espárragos, ¡después les huele a espárragos el pis!

481 La remolacha puede volver tu pis de color rosa o rojo.

482 El pepino tiene un 96 % de agua.

483 Los arándanos tienen bolsitas de aire dentro de ellos y flotan en el agua.

484 Si los arándanos están maduros y frescos, pueden rebotar.

485 Los tomates, los pepinos y las berenjenas son, hablando con propiedad, frutas y no verduras.

486 Lo que por fuera de las fresas parecen las semillas, en realidad son el fruto. En cada fresa hay unos doscientos de estos «aquenios».

487 Un plátano es una baya, pero la fresa no lo es.

488 Cuando cortamos una cebolla, esta lanza una sustancia química que irrita los ojos.

489 La lechuga y el repollo se han cultivado en el espacio.

490 Una granada puede tener dentro, bien apretujadas, hasta 1 400 semillas.

491 A pesar de su nombre, las naranjas pueden ser verdes o amarillo-verdosas.

492 Una patata contiene más vitamina C que una manzana.

493 Conocida como la fruta de olor más fuerte del mundo, el durián puede oler a carne podrida, a alcantarilla o a queso fuerte.

494 Un cerezo normal produce al año unas 7 000 cerezas.

495

Si te comes muchas zanahorias, con el tiempo tu piel podría adquirir un tono amarillento.

496 El kiwi recibe su nombre de un ave de Nueva Zelanda que tiene plumaje marrón.

497 El pomelo más grande que se ha cultivado tenía el tamaño de una pelota de baloncesto.

498 Las zanahorias eran originalmente blancas, amarillas y moradas.

499 El ajo se usó como moneda en el antiguo Egipto.

500 Las coles de Bruselas son, pese a su tamaño, de la familia de los repollos.

501 Los pájaros no notan el picante de las guindillas.

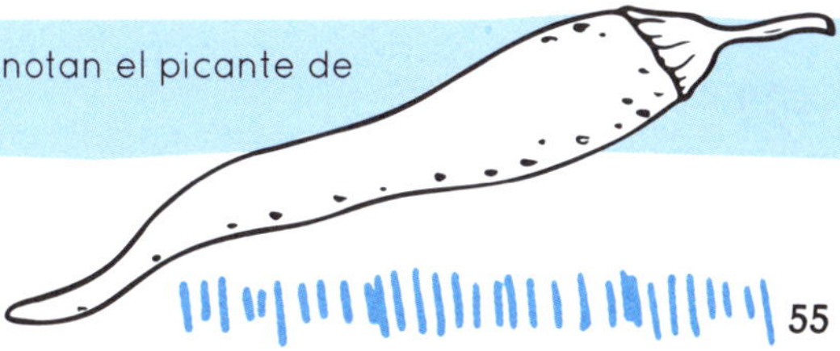

Tecnología

502 En la Estación Espacial Internacional trabajan tres pequeños robots que se mueven libremente ayudando a los astronautas en sus labores cotidianas. Estas «astroabejas» reciben los nombres de Bumble, Honey y Queen.

503 Japón tiene una de las plantillas laborales robóticas mayores del mundo. Los robots no solo se usan en fábricas, sino que también reciben a los huéspedes en los hoteles y sirven comidas en los restaurantes.

504 La primera llamada por teléfono móvil se realizó en 1973. El teléfono se puso a la venta en 1984... ¡Y era más grande que un ladrillo!

505 Los teléfonos móviles no pudieron mandar mensajes de texto hasta 1992. El primer juego conocido para teléfono móvil apareció dos años después, y las cámaras se añadieron en 1999.

506 Se calcula que más del 90 % de la moneda usada en el mundo es digital. Eso significa que menos del 10 % es dinero físico que puedes tener en la mano.

507 Los científicos están diseñando piel electrónica, o *e-skin*. Eso proporcionaría a los robots el sentido del tacto.

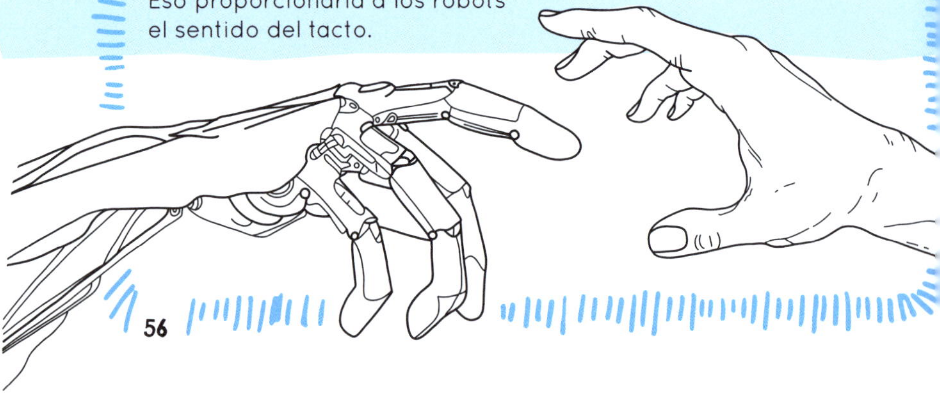

508 ¡Hay investigadores en Hong Kong que están trabajando para añadir el olor a la realidad virtual!

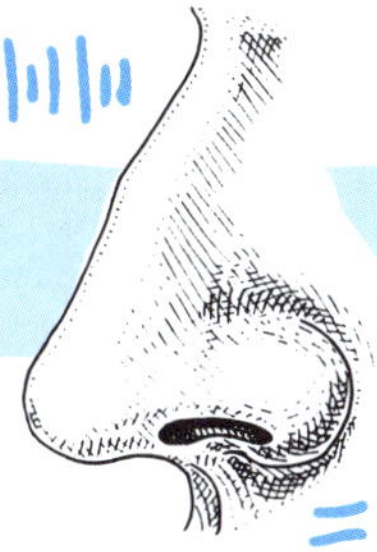

509 A bordo de la Estación Espacial Internacional hay una impresora 3D de metal que puede imprimir objetos metálicos en el espacio.

510 En Texas, EE. UU. una enorme impresora ha estado imprimiendo uno de los mayores proyectos hasta el momento: ¡una comunidad entera de casas! La impresora construye una capa de mortero tras otra para terminar rápidamente las casas.

511 En todo el mundo, la mensajería por drones va en aumento. Los drones ya han entregado paquetes comprados online, pedidos de comida y material médico.

512 La avanzada tecnología cronométrica de los Juegos Olímpicos pude medir la marca de un corredor hasta la millonésima de segundo.

513 **En 2003, una compañía japonesa creó un traductor capaz de traducirnos lo que dicen los perros. También hay una versión que traduce el lenguaje de los gatos.**

514 En Georgia, una señora de 75 años que cogía cobre cortó sin querer un cable de internet, y el resultado fue que en toda Armenia, el país vecino de Georgia, ¡se quedaron durante horas sin internet!

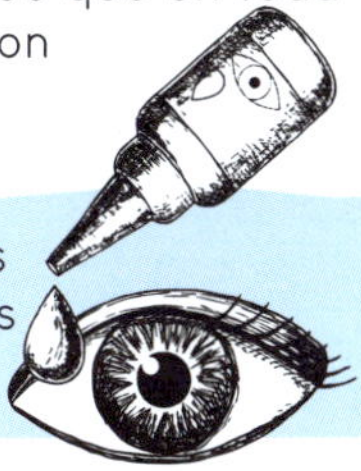

515 Cuando miramos una pantalla, las personas parpadeamos la mitad. Eso puede causar que los ojos se queden secos y fatigados.

516 La World Wide Web fue inventada por sir Tim Berners-Lee en 1989, para ayudar a los científicos a compartir su trabajo.

Dinosaurios

517 Los dinosaurios nacían de un huevo... igual que las aves hoy día.

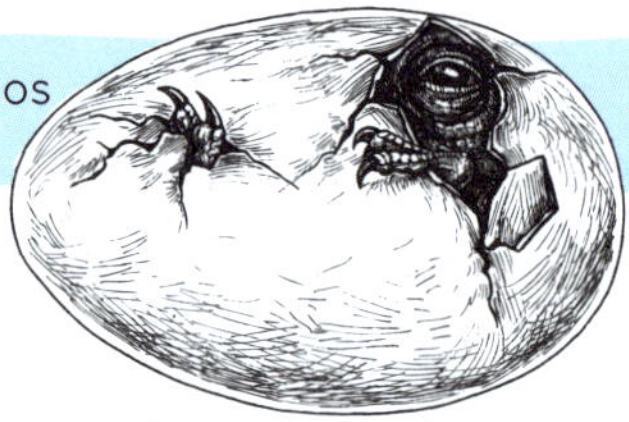

518 Algunos dinosaurios construían nidos para resguardar los huevos y las crías.

519 El primer dinosaurio que recibió nombre fue *Megalosaurus*, en 1824.

520 Se han encontrado huesos de dinosaurio en todos los continentes.

521 El tiranosaurio rex vivió más próximo a nosotros en el tiempo que al estegosaurio.

522

El cerebro del estegosaurio tenía el tamaño de un limón.

523 La palabra «dinosaurio» viene de las palabras griegas «deinos» y «sauros», que juntas significan «lagarto terrible».

524 A los dinosaurios carnívoros les crecían regularmente dientes nuevos para reemplazar los estropeados.

525 Con quince cuernos en la cara y el cuello, el *Kosmoceratops* tenía más cuernos que ningún otro animal de la historia.

526 El *Compsognathus* tenía más o menos el tamaño de un pollo.

527 El nombre *Allosaurus* significa en griego «reptil extraño».

528 El mayor dinosaurio carnívoro era el *Spinosaurus*, aunque comía sobre todo pescado.

529 El *Omeisaurus* tenía el cuello cuatro veces más largo que todo el cuerpo.

530 El *Parasaurolophus* seguramente usaba como trompeta la cresta que tenía encima de la cabeza.

531 El *Brachiosaurus* masticaba alrededor de 400 kilos de plantas al día... ¡Más o menos el peso de un caballo!

532 Los pterodáctilos no eran dinosaurios, sino reptiles voladores.

533 Los paleontólogos estudian la historia de la vida en la Tierra basándose en los fósiles, lo que incluye trabajar con fósiles de dinosaurios.

534 Los dientes del tiranosaurio rex eran tan grandes como bananas.

535 El *Velociraptor* tenía plumas, pero no podía volar.

536 El nombre *Gallimimus* significa «parecido a una gallina», aunque en realidad este dinosaurio se parecía más a un avestruz.

537 Lyme Regis, en Inglaterra, es conocido como «Costa Jurásica» por la gran cantidad de fósiles prehistóricos que se encuentran allí.

538 El término científico para una caca de dinosaurio fosilizada es «coprolito».

539 ¡Las mayores huellas de dinosaurio que se han encontrado son tan grandes que podrías echarte una siesta en una de ellas!

540 El anquilosaurio tenía todo el cuerpo acorazado excepto la barriga.

Edificios famosos

541 La torre del Big Ben, en Londres, está inclinada 0,26 grados hacia el noroeste. Eso es una decimosexta parte de la inclinación de la torre inclinada de Pisa.

542 El Merdeka 118 de Kuala Lumpur es el segundo edificio más alto del mundo. Como sugiere su nombre, es un rascacielos de 118 pisos.

543 Desde que se abrió en 1889, la torre Eiffel de París ha recibido más de 300 millones de visitantes. Alrededor de 7 millones visitan el edificio cada año.

544 Dicen que el escritor francés Guy de Maupassant odiaba tanto el aspecto de la torre Eiffel que a menudo comía en su restaurante... ¡Era el único lugar de la ciudad en que no podía ver su estructura!

545 El Empire State de Nueva York fue el edificio más alto del mundo desde 1931 hasta 1971. ¡Y se construyó en solo 13 meses!

546 El Burj Khalifa de Dubai es actualmente el edificio más alto del mundo. Tiene más de dos veces la altura del Empire State.

547 La torre inclinada de Pisa, en Italia, se construyó como campanario para la catedral que tiene al lado. Sin embargo, a los ingenieros les preocupa que tañer las campanas haga inclinarse aún más la torre, por lo que es muy raro que suenen.

548 La Estatua de la Libertad fue un regalo de Francia a Estados Unidos. La estatua se construyó en Francia, fue troceada, embarcada hasta América y reconstruida y erigida en Nueva York.

549 Construir la Ópera de Sydney, en Australia, costó catorce veces más de lo esperado. Además, completar el edificio llevó también 10 años más de lo que se había estimado al principio.

550 Unas 40 000 personas visitan cada día el Taj Mahal.

551 La Casa Blanca, en Washington D. C., puede albergar una cena para 140 personas sentadas. Sin embargo, si las personas no necesitan sentarse a la mesa, el presidente puede llamar a mil invitados.

552 El Shard de Londres es el edificio más alto del Reino Unido. Contiene once mil paneles de cristal.

553 El edificio Gherkin (pepinillo) de Londres está diseñado para ser sostenible y eficiente energéticamente. Debe su nombre a que recuerda un poco a un pepinillo de esos que se meten en vinagre.

554 La Casa Danzante de Praga está hecha a propósito para que parezca que se bambolea. Pretende representar a los famosos bailarines Fred Astaire y Ginger Rogers.

555

El castillo de arena más grande jamás construido estuvo en Dinamarca y medía más de 20 metros de altura. ¡Para hacerlo, se utilizaron más de 6 400 toneladas de arena!

Volcanes

556 En 1883, el Krakatoa (un volcán de la isla Rataka, en Indonesia) entró en erupción produciendo una explosión tan fuerte que se pudo oír en islas lejanas. Fue el sonido más potente que se hubiera oído nunca.

557 El volcán activo más grande del planeta es el Mauna Loa, en Hawái, donde se eleva desde el mar. Es tan grande y pesado que dobla el suelo oceánico sobre el cual se asienta.

558 El volcán más grande de nuestro sistema solar se encuentra en Marte. El monte Olimpo tiene aproximadamente 25 kilómetros de altura: ¡casi tres veces más que el monte Everest!

559 En el año 79, el monte Vesubio entró en erupción y barrió trágicamente la ciudad de Pompeya, en Italia. Muchas partes de la ciudad quedaron perfectamente conservadas bajo las cenizas.

560 Hasta 1872, a las mujeres no se les permitía subir al monte Fuji en Japón. Se las consideraba demasiado impuras para ascender la montaña sagrada.

561 **En cierto restaurante de Lanzarote, España, los cocineros cocinan usando el calor del volcán. El restaurante se asienta en la cumbre de un volcán dormido, y en el suelo han colocado unas parrillas.**

562 A diferencia de otros volcanes, el Ol Doinyo Lengai, en Tanzania, arroja una lava sumamente fluida que al enfriarse se vuelve blanca. Esto es así porque el magma contiene una roca llamada carbonatita.

563 Los megápodos son unas aves que excavan en la ceniza volcánica para dejar los huevos al calor del suelo. Pueden cavar a más de dos metros de profundidad en busca del lugar perfecto.

564 Cerca de la costa de Japón se formó en 2023 una pequeña isla completamente nueva al hacer erupción un volcán bajo el agua. Se ha sumado a varios miles de islas que ya existían en esa zona volcánicamente activa.

565 El anillo de fuego es un cinturón de 40 000 kilómetros que hace una curva por los bordes del océano Pacífico. Aproximadamente el 75 % de todos los volcanes del mundo se hallan en este anillo.

566 La palabra volcán viene de Vulcano, que era el dios romano del fuego.

567 Cuando está dentro del volcán, la roca ardiente, líquida o semilíquida, se llama «magma». Cuando el volcán entra en erupción y la roca sale a la superficie, se la llama «lava».

568 Aproximadamente 500 millones de personas viven en la Tierra cerca de un volcán activo. El rico suelo puede ser bueno para la agricultura, y el turismo que atrae el volcán puede beneficiar económicamente a los residentes.

569 En el mundo, entre 50 y 70 volcanes entran en erupción cada año. En la Tierra hay más de 1500 volcanes activos: volcanes que tienen un historial de erupciones y que pueden volver a entrar en erupción.

570

La lava que sale de un volcán puede alcanzar los 1200 grados centígrados.

Castillos

571 Italia es el país de Europa con mayor número de castillos.

572 Gales tiene la mayor cantidad de castillos por kilómetro cuadrado de Europa.

573 El castillo de Bran, en Rumanía, se conoce también comúnmente como «Castillo del conde Drácula».

574 Para confundir a los atacantes, en el castillo Himeji, en Japón, se hicieron laberintos y puertas que no llevan a ninguna parte.

575 El fastuoso castillo de Neuschwanstein, en Alemania, inspiró el castillo de la Bella Durmiente de Disneylandia.

576 El parque que rodea el château de Chambord, en Francia, es tan grande como todo el París intramuros.

577 En el valle del Loira, en Francia, hay más de 300 castillos.

578 El castillo medieval de Predjama, en Eslovenia, está construido sobre un precipicio.

579 El Mont Saint-Michel en Francia se asienta en una isla. Antes de que se construyera el puente, solo se podía llegar a la isla con marea baja.

580 La Torre de Londres fue el primer zoo de Londres. La Torre albergaba la colección real de animales salvajes y exóticos que solía regalarse a reyes y reinas.

581 En la década de 1840, el foso de la Torre de Londres olía tan mal que hubo que vaciarlo. Desde entonces, el foso ha permanecido casi siempre seco.

582 El castillo de Windsor, en Inglaterra, ha sido el hogar de miembros de la familia real durante más de 900 años.

583 El castillo de Dunluce, en Irlanda del Norte, está tan al borde del acantilado que cuenta la leyenda que parte de la cocina se cayó al mar en 1639.

584 El castillo de Caerlaverock, en Escocia, tiene una forma triangular única.

585 En Francia, el castillo de Carcasona y la zona que lo rodea se han convertido en una ciudad fortificada. Dentro de sus muros hay casas para unas cien personas.

586 En el castillo de Caerphilly, en Gales, ¡hay una torre que está más inclinada que la torre inclinada de Pisa!

587 El castello Normanno, en Italia, se asienta en una oscura roca volcánica.

588 Muchas escaleras de caracol, en los castillos medievales, ascienden en el sentido de las agujas del reloj.

589 Los guardias de los castillos podían subir y bajar unas pesadas puertas llamadas rastrillos.

590 El castillo antiguo más grande del mundo es el castillo de Praga, en la República Checa. Fue construido en el siglo IX, y ocupa un área de casi 70 000 metros cuadrados.

591 La palabra «mazmorra» viene de una palabra árabe que significa «granero».

592 El trabajo fundamental de un bufón consistía en entretener a los residentes del castillo.

593 Para formarse como caballeros, los niños dejaban su hogar a la edad de siete años.

594

En lo alto de las fachadas de los castillos suele haber unos salientes llamados almenas que ayudaban a protegerse cuando atacaban el castillo.

Ciudades

595 La ciudad del mundo en la que residen más personas es Tokio, en Japón.

596 La población de Tokio es cuatro veces la de Nueva York.

597 En Nueva York se hablan más de 800 lenguas.

598 Estambul, en Turquía, se extiende por dos continentes: Europa y Asia.

599 Ha habido personas habitando en Damasco, Siria, desde hace cinco mil años.

600 Una de las ciudades más antiguas del mundo es Jericó, en Palestina, que tiene 11 000 años.

601 París fue la primera ciudad del mundo que proyectó una película para un público que previamente había pagado.

602 Cuando los romanos dominaban Londres, la llamaban Londinium.

603 La ciudad más pequeña del Reino Unido, Saint Davis, en Gales, tiene menos de dos mil habitantes.

604

Entre las ciudades más caras del mundo se encuentran Singapur, Hong Kong y Zurich.

605 Berlín, en Alemania, tiene unos 170 museos, que incluyen un museo del espionaje y un museo de los videojuegos de ordenador.

606 Cuando pusieron el famoso letrero de Hollywood en Los Ángeles, al principio, decía «Hollywoodland».

607 El nombre oficial de Seúl, en Corea del Sur, es «Ciudad Especial de Seúl».

608 En Seattle, Estados Unidos, son más las parejas jóvenes que tienen un perro que las que tienen un niño.

609 En las carreras de camellos que se celebran en Dubai, en los Emiratos Árabes Unidos, algunos de los camellos son conducidos por jinetes robot.

610 Una de las universidades más viejas del mundo es la de Fez, en Marruecos. Se fundó en el año 859.

611 El nombre de la ciudad de Toronto, en Canadá, procede de una palabra mohicana que significa «donde los árboles se yerguen sobre el agua».

612 En París no hay señales de *STOP*.

613 Ha costado más tiempo construir la basílica de la Sagrada Familia en Barcelona de lo que costó construir las grandes pirámides de Guiza.

614 La ciudad de México se hunde unos cincuenta centímetros cada año.

615 La ciudad de Ámsterdam, en Países Bajos, está atravesada por más de 165 canales.

616 Cuando en invierno se congela, el canal Rideau, en Ottawa, Canadá, es la pista de hielo natural más larga del mundo.

617 La ciudad de Hamburgo, en Alemania, tiene unos 2 400 puentes.

618 Aproximadamente la mitad de la población mundial vive en ciudades.

Arte y artistas

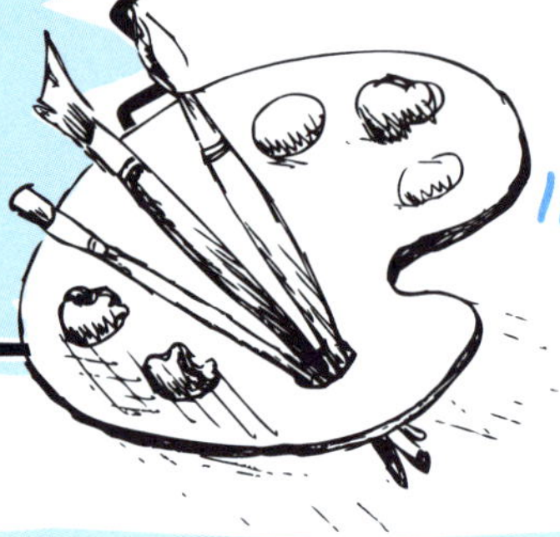

619 Ya había arte en tiempos prehistóricos. Existen cuevas en cuyas paredes hemos encontrado pinturas que tienen unos 50 000 años de antigüedad.

620 Desde 1912 a 1952, el arte fue un evento olímpico. Los participantes competían con pinturas, esculturas, música y otras obras de tema deportivo.

621

El Louvre de París es el museo de arte más grande del mundo. ¡Ver bien todo lo que hay dentro llevaría al menos cien días!

622 Expuesto en el Louvre, el famoso cuadro de la *Mona Lisa* de Leonardo da Vinci recibe hasta 30 000 visitas al día. Cuenta con su propio buzón para los mensajes de sus fans.

623 Leonardo da Vinci fue conocido como polímata (alguien que domina muchos campos del saber). Además de pintor, fue inventor, ingeniero, científico y otras cosas.

624 Parece ser que Vincent van Gogh solo vendió un cuadro en toda su vida. Hoy es uno de los pintores más famosos de todos los tiempos.

625 Los pintores Pablo Picasso y Henri Matisse eran al mismo tiempo amigos y competidores. Matisse describió su relación como «un combate de boxeo».

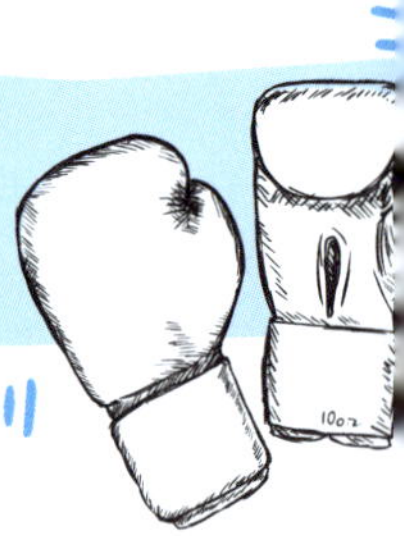

626 Pablo Picasso amaba a los animales. En sus obras pueden verse perros, pájaros y otras especies.

627 Frida Kahlo solía decir que había nacido tres años después de lo que era verdad. Lo hacía porque quería ligar su nacimiento a la Revolución mexicana.

628 Un artista anónimo conocido como Banksy ha pintado murales de grafiti en edificios de todo el mundo. Aunque oficialmente nadie sabe quién es, su arte se vende por grandes cantidades de dinero.

629 El artista surrealista Salvador Dalí tenía como mascota un ocelote llamado Babou. Cuando entraba en un restaurante con su felino salvaje, aseguraba a todos que se trataba de un gato normal y corriente.

630 A Miguel Ángel le costó cuatro años pintar el techo de la Capilla Sixtina. Él aseguraba que era más escultor que pintor... pese a lo cual, hoy la capilla es admirada por unos 25 000 visitantes al día.

631 Claude Monet era tan perfeccionista que destruyó muchos de sus propios cuadros. Incluso algunos que ya había mostrado al público.

632 Andy Warhol llevaba una grabadora a todas partes, para documentar su vida diaria. ¡Incluso bromeaba diciendo que se había casado con aquel aparato!

633 **Se ha encontrado un insecto conservado en una de las obras de Jackson Pollock: una mosca que iba revoloteando, se metió en el espacio en que trabajaba Pollock, y quedó atrapada en la pintura.**

El Ártico y la Antártida

634 La gigantesca ballena azul habita todos los océanos excepto el Ártico.

635 No hay pingüinos en el Ártico.

636 En los Polos Sur y Norte, hay días que consisten en 24 horas de oscuridad, en los que el sol no asoma por el horizonte.

637 En el Polo Norte no hay tierra: no hay más que hielo que flota.

638 Un submarino fue el primer barco que llegó al Polo Norte, y lo hizo en 1958, viajando por el agua bajo el hielo.

639 El Ártico está habitado por unos cuatro millones de personas, a lo largo de ocho países.

640 La Antártida no tiene residentes permanentes.

641 Entre 1 000 y 4 000 investigadores pasan inviernos y veranos en la Antártida.

642 En 1915, el barco *Endurance* (que significa «resistencia») se quedó atrapado en los hielos de la Antártida y terminó hundiéndose. Pero todos los que iban a bordo pudieron abandonar el barco y sobrevivieron.

643 La Antártida está considerada el mayor desierto del mundo.

644 En invierno, el pelaje azul grisáceo de la liebre ártica cambia al color blanco para disimularse en el entorno.

645

En la Antártida viven más de 40 millones de pingüinos.

646 El pingüino emperador se apiña en grupos de hasta 5000 individuos para mantenerse caliente.

647 El pequeño pingüino de Adelia hace el nido con piedras. ¡A veces, si no tienen suficientes, hasta se roban las piedras unos a otros!

648 El zorro ártico tiene una cola larga y esponjosa con la que se envuelve para estar calentito.

649 La foca pía puede permanecer bajo el agua para cazar hasta quince minutos cada vez.

650 Cuando hay demasiados viviendo en un mismo sitio, el lemming del Ártico se va a buscar un nuevo lugar.

651 El hielo más grueso de la Antártida tiene casi la mitad de altura del monte Everest.

652 Aproximadamente el 90 % de todo el hielo del mundo se encuentra en la Antártida.

653 La Antártida es al mismo tiempo el continente más frío y el más ventoso del planeta.

654 A diferencia de los demás continentes, la Antártida no está dividida en países.

655 No hay osos polares en la Antártida.

656 En la Antártida, en el glaciar Taylor, el agua salada baja roja debido al alto contenido en hierro, y por eso se llama al lugar «cataratas de sangre».

657 Cerca de los polos magnéticos, las partículas cargadas producen unas luces danzantes en el cielo llamadas aurora boreal y aurora austral.

Desierto del Sáhara

658 El desierto del Sáhara (o Sahara), en África, es el desierto cálido más grande del mundo.

659 El Sáhara ocupa casi tanta superficie como Estados Unidos.

660 El Sáhara sigue creciendo.

661 Las zonas del interior del desierto pueden recibir 2,5 centímetros de lluvia al año... ¡o menos!

662 En zonas altas del desierto se sabe que ha llegado a nevar.

663 La palabra «Sáhara» viene de una palabra árabe que significa «desierto», así que cuando decimos «desierto del Sáhara»... ¡es como si dijéramos «desierto del desierto»!

664 Se estima que en torno al 25 % del desierto está cubierto de dunas: pequeñas colinas formadas por granos de arena.

665 En el Sáhara viven unos 2,5 millones de personas. Los nómadas viajan con su ganado, y algunas personas viven en zonas donde disponen de agua para la vida diaria y para la agricultura.

666 Algunas dunas de arena cantan un «canto de las dunas» potente y grave.

667 En el Sáhara hay más piedras que arena.

668 El escarabajo pelotero vive en el estiércol, abre túneles en él y lo convierte en bolas que lleva rodando.

669 Más de veinte lagos, además de los ríos Nilo y Níger, proveen de agua al Sáhara.

670 Capaces de viajar largas distancias bajo el seco calor, los camellos son conocidos como los «barcos del desierto».

671 En el Sáhara se han encontrado fósiles de dinosaurio.

672 Las enormes orejas del feneco o zorro del desierto desprenden calor y ayudan al animal a mantenerse fresco en pleno desierto.

673 El jerbo es un diminuto roedor del desierto que puede saltar tan alto como para alcanzar la cabeza de un ser humano.

674 El adax o antílope blanco raramente necesita beber, y puede conseguir de las plantas casi toda el agua que necesita.

675 Enterrada en la arena, la víbora cornuda se esconde y aguarda a su presa.

676 Los escorpiones atrapan a la presa con sus pinzas, y finalizan el trabajo picándola con su cola venenosa.

677 Entre las plantas que pueden sobrevivir en las duras condiciones del Sáhara se encuentran el olivo, la acacia y el ciprés.

678 El ave más alta del Sáhara es el avestruz de cuello rojo. Se están haciendo esfuerzos de conservación para recuperar la población, pues actualmente se encuentra en peligro de extinción.

679 En 2011, el iraní Reza Pakravan atravesó el Sáhara en bicicleta en solo 13 días, 5 horas, 50 minutos y 14 segundos.

680 Desde hace 10 500 años hasta hace 5 500 años, el Sáhara fue una tierra verde y exuberante.

681

El dromedario tiene una joroba mientras que el camello bactriano tiene dos. Más que en el Sáhara, los camellos bactrianos se encuentran en los desiertos de Asia central y oriental.

Música

682 Algunos de los instrumentos musicales más antiguos del mundo son flautas encontradas en una cueva de Alemania. ¡Tienen más de 40 000 años!

683 En la antigüedad, los instrumentos musicales se podían hacer de huesos de animales, de cuernos o incluso de restos humanos.

684 El arpa se utilizaba en el antiguo Egipto y Mesopotamia en tiempos tan remotos como el 4 000 a. e. c. En la Edad Media, la usaban normalmente los juglares que iban de un lugar a otro.

685 El instrumento más caro del mundo es un violín Stradivarius hecho en 1700, que se vendió recientemente por 23 millones de dólares (unos 20 millones de euros).

686 Algunos científicos en China piensan que la música puede ayudar al crecimiento de las plantas. A eso lo llaman «agricultura acústica».

687 En Florida, Estados Unidos, se celebra todos los años un Festival de Música Subacuática, en que los submarinistas tocan música que suena por altavoces bajo el agua.

688 El piano es considerado al mismo tiempo un instrumento de cuerda y de percusión, porque unos martillos golpean las cuerdas dentro de la caja de resonancia.

689

El piano estándar tiene 88 teclas. Cincuenta y dos de ellas son blancas, y treinta y seis son negras.

690

El nombre abreviado del violonchelo es «chelo», que significa «pequeño violone». El violone era un instrumento de cuerda más grande que un violonchelo, parecido a un contrabajo.

691 En Zadar, en Croacia, se puede escuchar el órgano marino que fue diseñado por un arquitecto local. El mar produce música cuando las olas empujan el aire a través de los tubos del órgano.

692 El Gran Órgano Estalactílico, que se encuentra en las cavernas de Luray, en Virginia, Estados Unidos, es el instrumento musical más grande del mundo. Unos mazos golpean las estalactitas para producir diversos tonos.

693 El músico británico Chris «Fenderman» Black amaba tanto su guitarra que se casó con ella. Además, estaba casado con su mujer.

694 En 2017, unos músicos en Ontario, Canadá, batieron el récord del concierto más largo del mundo interpretado por varios artistas. Duró más de 437 horas: eso es más de 18 días.

695 El batería de un grupo se esfuerza tanto durante un concierto que puede quemar más calorías que si estuviera haciendo senderismo o ciclismo.

696 Para cada una de sus actuaciones, la Orquesta Hortícola de Viena hace nuevos instrumentos a partir de verduras frescas. Las sobras se aprovechan para puré.

Exploradores

697 Cuando el explorador italiano Marco Polo viajó a Asia, vio animales que no había visto nunca, y también escribió que había visto un unicornio. Lo que vio en realidad, seguramente, fue un rinoceronte.

698 A comienzos del siglo XV, el almirante chino Zheng He completó siete expediciones alrededor del océano Índico. A lo largo de su vida estuvo al cargo de cientos de barcos y de miles de hombres.

699 Cuando el explorador italiano Cristóbal Colón llegó a América, lo que trataba de hacer era encontrar una nueva ruta por el mar desde Europa hasta Asia.

700 El explorador vikingo Leif Erikson llegó a Norteamérica cientos de años antes que Colón.

701 Amelia Earhart fue la primera mujer en cruzar volando sola a través del océano Atlántico. Cuando intentó dar la vuelta al mundo, desapareció... y nunca la encontraron.

702 En 1497, el explorador italiano Giovanni Caboto atravesó el mar y reclamó las nuevas tierras para Inglaterra. Pensaba que estaba en Asia, ¡pero en realidad había llegado a Canadá!

703 El explorador inglés James Cook trazó mapas que fueron usados durante cientos de años.

704 Los primeros exploradores que llegaron al Polo Sur fueron el noruego Roald Amundsen, los cuatro compañeros de su equipo, y los cincuenta y dos perros que tiraban de los trineos.

705 Como el gobierno no podía ayudar a la británico-jamaicana Mary Seacole a viajar hasta la guerra de Crimea para socorrer a los soldados, ¡se financió el viaje ella misma y llegó pese a todo! Se la ha llegado a llamar «Madre Seacole».

706 La primera mujer en dar la vuelta al mundo fue Jeanne Baret. Se disfrazó de hombre para entrar en una expedición exclusivamente masculina.

707

Felicity Aston, del Reino Unido, fue la primera persona en cruzar la Antártida sola... sobre esquís. Le costó 59 días.

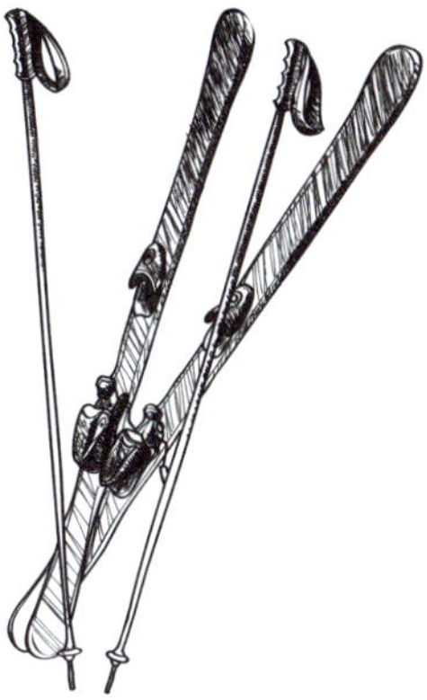

708 Namira Salim no solo fue la primera persona de Pakistán en llegar al Polo Norte y Sur, sino que también fue la primera pakistaní en viajar al espacio.

709 El Gangkhar Puensum, en Bután, es conocido como la montaña más alta del mundo que no ha sido escalada. Es el cuadragésimo pico más alto del mundo, pero no está permitido escalarlo.

710 Sarah Outen fue la primera mujer en atravesar el océano Índico remando sola. Completó el viaje en 2009, cuando solo tenía 24 años.

711 James Cameron, el galardonado cineasta canadiense, descendió en 2012 al punto más hondo del océano. Habían pasado 52 años desde el anterior intento de un ser humano por llegar allí.

Medicina

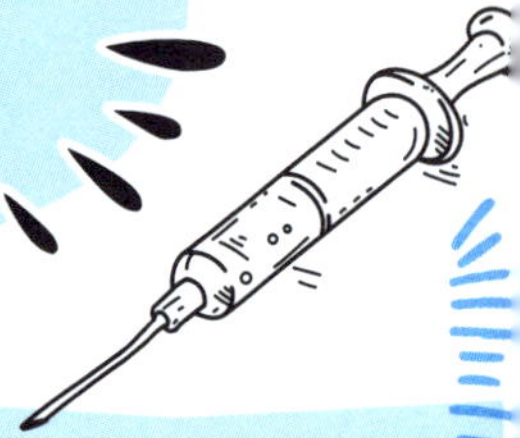

712 En 1796, Edward Jenner probó su vacuna de la viruela en un niño de ocho años llamado James Phipps. Afortunadamente, funcionó.

713 La viruela llevaba al menos 3 000 años por el mundo, pero la Asamblea Mundial de la Salud declaró la enfermedad erradicada (desaparecida) en 1980 tras un programa de vacunación que se había desarrollado en todo el mundo.

714 En Gales, en la Edad Media, la gente podía visitar más de 200 «pozos santos» tratando de curarse de problemas médicos.

715 Los antiguos romanos usaban el repollo como medicina para curarse una amplia variedad de enfermedades, desde el dolor de cabeza a heridas y dolores internos.

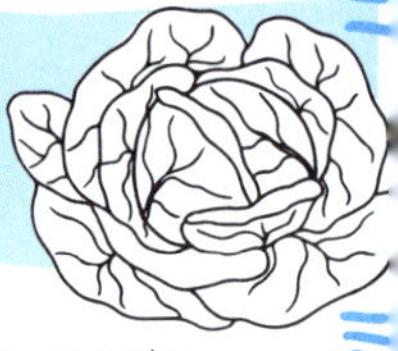

716 En la Edad Media, los cirujanos-barberos sacaban muelas, realizaban operaciones... y cortaban el pelo.

717 Marie Curie desarrolló el innovador tratamiento radiactivo que se usa para tratar el cáncer. Por desgracia, ella misma murió de cáncer por exponerse a elementos radiactivos.

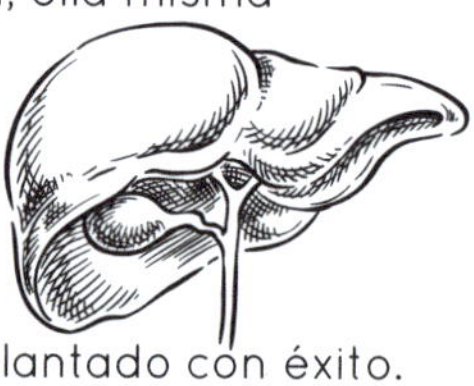

718 Los Juegos Mundiales de Trasplantados es una competición atlética en la que todos los participantes han recibido un órgano trasplantado con éxito.

719 En el siglo XIX, las sanguijuelas (gusanos que pueden adherirse a una persona y chuparle la sangre) eran tan demandadas en medicina que casi se extinguen en el planeta.

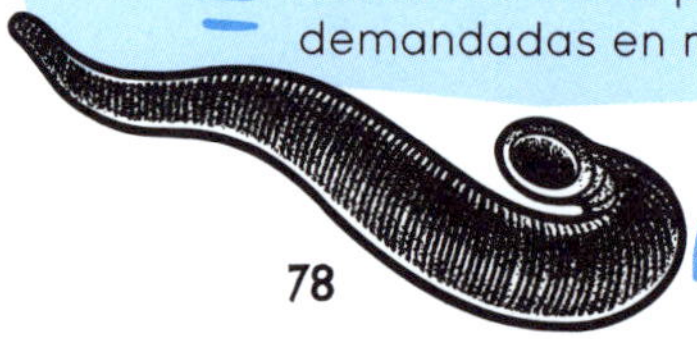

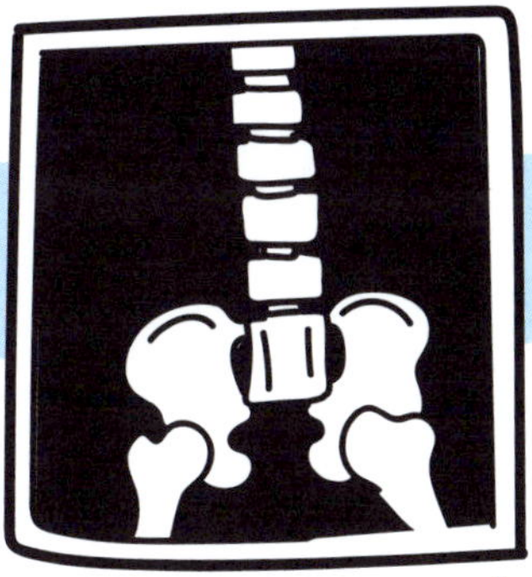

720 El científico alemán Wilhem Röntgen descubrió los rayos X por accidente, ¡al ver sus propios huesos en una imagen!

721 Las cosas raras que se han encontrado mediante rayos X en el cuerpo de distintos pacientes incluyen una cuchara, una espátula y un cepillo de dientes.

722 En los siglos XVIII y XIX, los fabricantes de sombreros usaban el mercurio en su trabajo. Esto resultó ser tóxico, y provocó en ellos lo que a veces se llama «la enfermedad del sombrerero loco».

723 Cuando Frederick Banting y John Macleod ganaron en 1923 el Premio Nobel por su descubrimiento de la insulina, cada uno de ellos dio la mitad de su parte del premio a otro científico de su equipo.

724 Hace nada menos que 3 500 años, la gente usaba la corteza del sauce para tratar el dolor. Una versión modernizada de este tratamiento se sigue empleando en lo que hoy día se llama «aspirina».

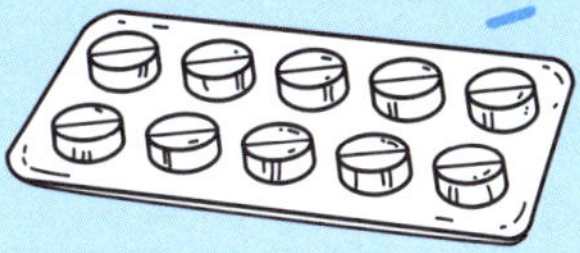

725 Hoy día, para realizar operaciones se emplean robots controlados por cirujanos. El resultado puede ser estancias más breves en el hospital, y una recuperación más rápida.

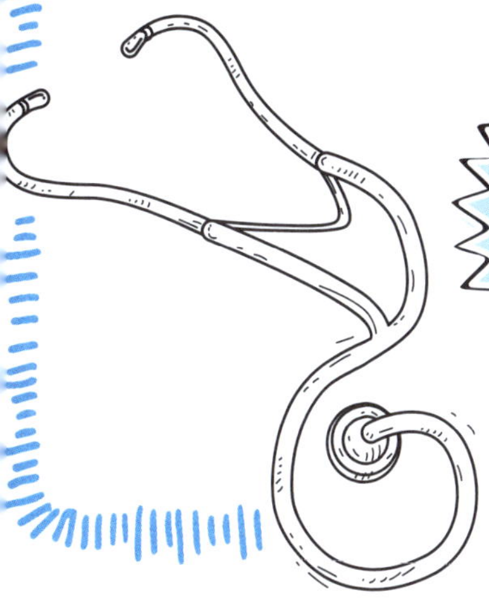

726

En 1967, en Sudáfrica, el profesor Christiaan Barnard realizó con éxito el primer transplante de corazón de la historia.

Murciélagos

727 En el mundo hay más de 1 400 especies diferentes de murciélagos.

728 Los murciélagos son los únicos mamíferos que pueden verdaderamente volar.

729 El murciélago más pequeño no es mucho mayor que un abejorro.

730 El zorro volador es en realidad el murciélago más grande del mundo, con una envergadura de hasta dos metros.

731 En invierno, cuando los murciélagos hibernan, su temperatura corporal desciende.

732 Los murciélagos no hacen nidos.

733 Muchos murciélagos usan la ecolocalización (o sea, mandan sonidos que rebotan y vuelven hacia ellos) para encontrar su camino en la noche.

734 Los humanos adultos no pueden oír los sonidos ultraagudos que emiten los murciélagos para la ecolocalización.

735 Las cacas de los murciélagos se llaman «guano» como las de las aves marinas, o, específicamente, «murcielaguina».

736 Los murciélagos se cuelgan cabeza abajo para poder echar a volar inmediatamente: lo único que tienen que hacer es dejarse caer.

737 Cuando el murciélago está volando, su corazón puede latir ¡unas mil veces por minuto!

738 **Existen seis especies de murciélagos que no cuelgan cabeza abajo como los demás.**

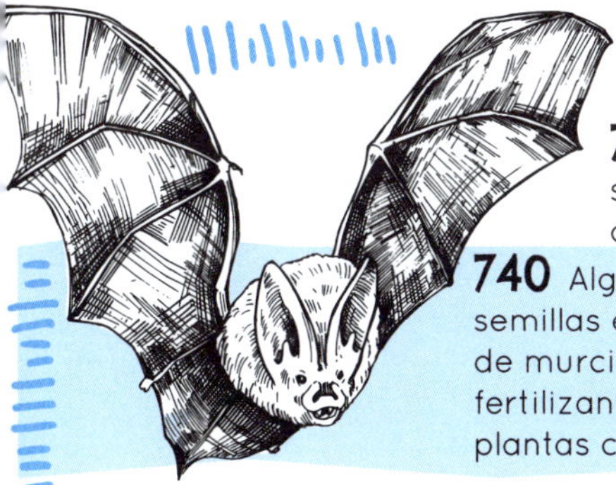

739 La palabra «murciélago» significa etimológicamente «ratón ciego».

740 Algunos murciélagos dispersan semillas en sus excrementos. El guano de murciélago también sirve como un fertilizante natural que ayuda a crecer a plantas como los mangos y las higueras.

741 La mayoría de los murciélagos son nocturnos: están activos durante la noche.

742 Un grupo de murciélagos se llama «colonia».

743 Los murciélagos vampiros beben la sangre de otros animales.

744 El murciélago magueyero menor tiene la lengua tan larga como todo el resto del cuerpo.

745 Un pequeño murciélago de Siberia alcanzó los 41 años de vida.

746

En la cultura china, los murciélagos pueden ser un símbolo de buena suerte.

747 Igual que las abejas, muchos murciélagos beben néctar y polinizan plantas.

748 Uno de cada cinco mamíferos que viven en el planeta es un murciélago.

749 Cada verano, la cueva de Bracken, en Texas, bulle con unos veinte millones de murciélagos.

750 Los murciélagos tienen ombligo.

751 En inglés suele decirse «blind as a bat» (ciego como un murciélago), pero esa frase está equivocada: ¡los murciélagos ven bastante bien!

La Luna

752 Se cree que la Luna se formó al colisionar la Tierra con otro planeta, hace unos cuatro mil quinientos millones de años. El choque debió de enviar al espacio pedazos rotos que se juntaron y formaron la Luna.

753 El efecto de la gravedad entre la Tierra y la Luna causa los «lunamotos». A diferencia de los intensos pero breves terremotos, los lunamotos pueden durar hasta media hora.

754 Una «luna azul» no es verdaderamente azul, es solo el nombre de un evento relativamente raro: una segunda luna llena que tiene lugar en el mismo mes que la primera. Esto solo ocurre una vez cada dos o tres años.

755 Cada año, la Luna se aleja unos cuatro centímetros de la Tierra. Esto se debe a que las fuerzas gravitacionales entre ambos cuerpos, y el frenado de la marea, ralentizan la rotación de la Tierra. Al girar más despacio la Tierra, la Luna se aleja.

756

Aunque la Luna es el único satélite natural de la Tierra, algunos científicos piensan que existen también dos grandes nubes de polvo orbitando alrededor de nuestro planeta. Se conocen como «lunas ocultas».

757 Los humanos han dejado muchos objetos en la Luna, que incluyen trozos de aeronaves, satélites estrellados contra la superficie... ¡incluso pelotas de golf y la foto de la familia de un astronauta!

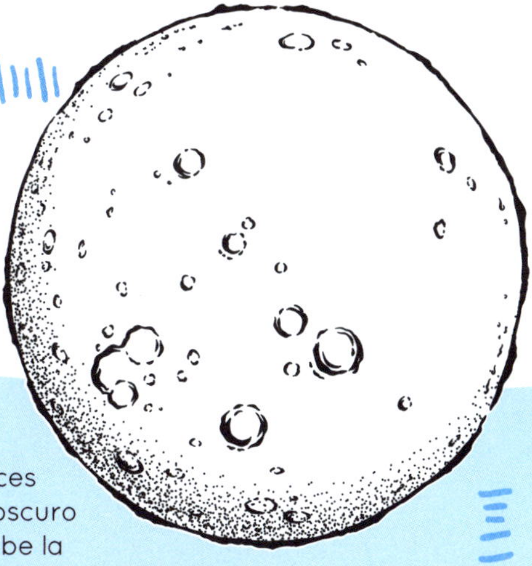

758 Desde la Tierra, nosotros solo vemos un lado, o cara, de la Luna. Eso sucede porque la Luna rota sobre su eje a la misma velocidad que orbita alrededor de la Tierra.

759 El lado de la Luna que nunca vemos se llama «la cara oculta». En contra de lo que a veces se piensa, ese lado no está más oscuro que el lado que vemos, pues recibe la misma cantidad de luz solar que el resto de la Luna.

760 La Luna brilla, pero no tiene luz propia. Solo vemos la Luna porque refleja la luz del Sol.

761 Una «superluna» es cuando la Luna se encuentra en su punto más cercano a la Tierra, lo que los científicos llaman «perigeo». Por eso parece más grande y más brillante.

762 ¡La NASA está planeando instalar una especie de internet en la Luna! La nueva red ayudará a los astronautas en el espacio a comunicarse unos con otros, y con la Tierra.

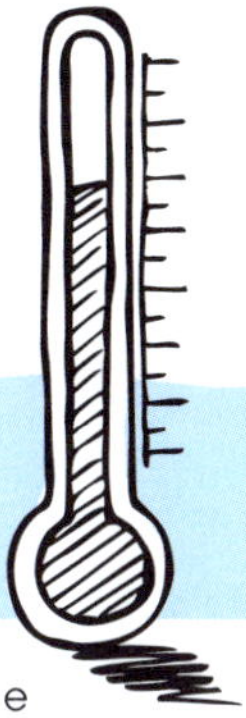

763 Durante el día, las temperaturas de la Luna pueden superar los 121 grados centígrados. Pero de noche pueden bajar hasta los 133 bajo cero.

764 El polvo de la Luna es tan fino y penetrante que puede atravesar las capas superiores de la escafandra.

765 ¡En la Luna hay obras de arte! El «museo lunar» es una pequeña pieza cerámica que contiene dibujos de seis famosos artistas. Fue depositada en la Luna por astronautas en 1965.

766 En la Luna la fuerza de la gravedad es solo la sexta parte que en la Tierra. ¡Eso significa que podrías dar un salto y llegar seis veces más alto en la Luna que aquí en la Tierra!

Asombrosos anfibios

767 Algunas ranas pueden saltar más de veinte veces la longitud de su propio cuerpo.

768 ¡Las salamandras tienen un superpoder! Pueden regenerar (reconstruir) partes del cuerpo dañadas.

769 Existen unas doscientas especies de cecilias, que son unos anfibios sin patas con aspecto de lombriz.

770 La rana dorada venenosa contiene toxina (veneno) suficiente para matar a diez personas adultas.

771 La sirena (un tipo de salamandra) solo tiene unas pequeñas patas delanteras, ¡sin asomo de patas traseras!

772 Los científicos han mandado al espacio «astrotritones» para estudiar el efecto que la microgravedad (gravedad muy leve) puede tener en la capacidad de los anfibios de regenerar las partes de su cuerpo que han perdido.

773 La erre del nombre «rana» sugiere su croar; y el sonido de la palabra «sapo» recuerda en ruido que hace al caer en el agua.

774 Los anfibios pueden respirar a través de la piel.

775 Las crías del cururú o sapo de Surinam nacen saltando del lomo de la madre.

776 Los ojos saltones de la rana verde de ojos rojos buscan asustar a los posibles depredadores.

777 Los sapos no tienen dientes, y por eso se tragan enteras a sus presas.

778 Las «ranas voladoras» utilizan sus pies palmeados para planear largas distancias.

779 La rana de bosque, que habita en Alaska, hiberna congelándose completamente en invierno y descongelándose en la primavera.

780 La salamandra gigante china puede alcanzar el metro ochenta de largo: ¡más que la altura de un humano adulto medio!

781 Normalmente, los anfibios nacen con branquias, como los peces, pero después desarrollan pulmones para poder respirar en tierra.

782 El sapo pulga de Brasil es tan pequeño que puede colocarse sobre la uña de tu dedo meñique.

783 Los ojos de la rana se hunden hacia la boca para ayudar a empujar la comida garganta adentro.

784

La salamandra gigante americana, que llega a medir 70 centímetros de largo, se conoce también como «perro de agua».

785 La rana de cristal tiene la piel transparente, especialmente en la barriga. ¡Se le puede ver el corazón latiendo!

786 Algunas cecilias no tienen ojos.

787 Los sapos y las ranas, después de mudar la piel..., ¡se la comen!

788 Cuando se está desarrollando el embrión de la salamandra moteada, puede realizar la fotosíntesis.

789 ¡El ajolote no envejece nunca! Mantiene sus rasgos juveniles durante toda su vida.

El antiguo Egipto

790 En la gran pirámide de Guiza hay unos 2,3 millones de bloques, ¡y algunos de ellos pesan más que dos elefantes adultos!

791 Llevar peluca era un signo de alto estatus en el antiguo Egipto. Las personas ricas se afeitaban la cabeza para no coger piojos, pero se ponían en su lugar una peluca hecha de cabello humano.

792 El Libro de los Muertos era un manual de hechizos. Los antiguos egipcios creían que eso los mantendría seguros en su viaje a la otra vida.

793 Cleopatra murió en el año 30 antes de nuestra era. Eso significa que vivió más próxima al primer alunizaje (1969) que a la construcción de las primeras pirámides de Guiza (entre el 2550 y el 2490 a. e. c.)

794 ¡Los antiguos egipcios realmente adoraban a los gatos! Si su gato moría, el dueño se afeitaba las cejas en señal de duelo por su amada mascota.

795 Los dos últimos nombres de un faraón (su nombre de entronización y su nombre de nacimiento) se escribían en escritura egipcia (en jeroglíficos) en una placa oval llamada cartucho.

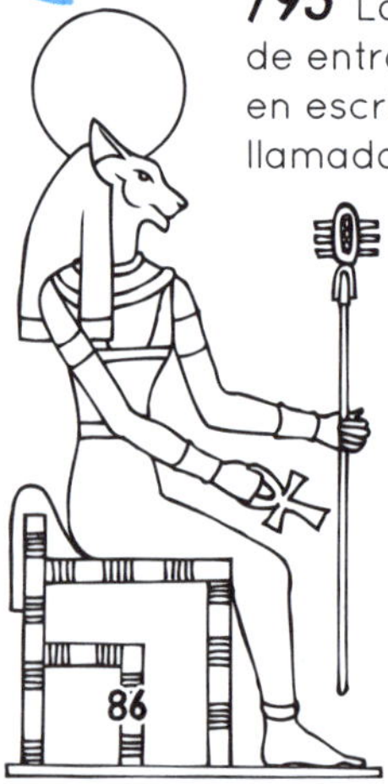

796

El faraón Ramsés II vivió más de noventa años. Tuvo más de cien hijos, ¡y se casó con al menos cuatro de sus hijas, cosa común en la familia real del antiguo Egipto!

797 Al preparar un cadáver para su entierro, los egipcios extraían con cuidado todos sus órganos internos y los guardaban en unos recipientes especiales llamados vasos canopos. Solo dejaban el corazón porque lo consideraban el más importante.

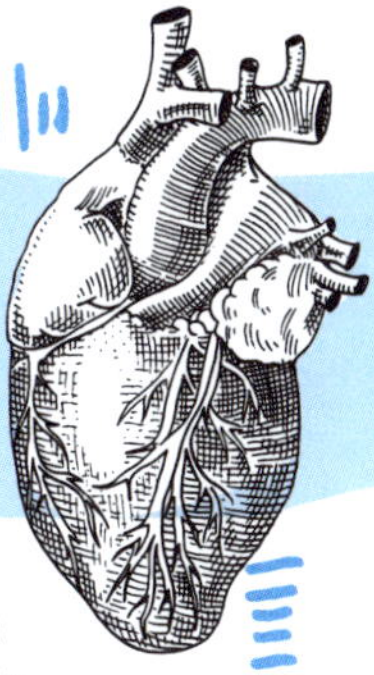

798 La palabra pirámide viene de una palabra griega que significaba «pastel de trigo», pues los griegos tenían fama entre los egipcios por esos pasteles piramidales. Sin embargo, los egipcios llamaban a sus pirámides «mer».

799 Si le quitas las vendas a una momia, te encontrarás 1,6 kilómetros de vendas. Con toda esa venda puedes dar cuatro vueltas a una pista de atletismo.

800 ¡Los antiguos egipcios se tomaban muy en serio su higiene dental! Ellos inventaron la pasta dental hacia el año 5000 antes de nuestra era. La hacían a base de cáscaras de huevo molidas, ceniza, sal, pimienta y menta, entre otras cosas.

801 Ra, el dios-sol, fue siempre uno de los más importantes. Pero cuando, más tarde en la historia de Egipto, se fusionó con el dios del viento, se convirtió en Amun-Ra, el más poderoso de todos los dioses del panteón.

802 Uno de los juegos de mesa más antiguos que conocemos procede del antiguo Egipto. En el juego de Senet, los jugadores movían unas piezas pequeñas llamadas peones por un tablero rectangular que contenía 30 cuadrados.

803 Los jeroglíficos se pueden escribir de izquierda a derecha o de derecha a izquierda. ¡Para saber cuál es el sentido, no hay más que fijarse hacia dónde miran las aves u otros animales representados!

804 El joven faraón Tutankamón tenía el pie zambo y otros problemas médicos. Fue enterrado con 130 bastones y casi cien pares de zapatos y sandalias.

Fútbol

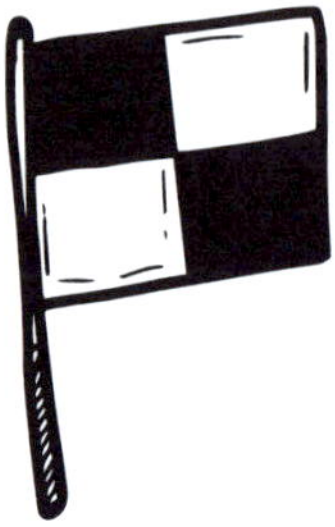

805 La primera Copa del Mundo de Fútbol se jugó en 1930 en Uruguay. Venció la nación anfitriona.

806 Un equipo puede empezar a jugar con un máximo de once jugadores. Para continuar el partido, tiene que tener en el campo un mínimo de siete.

807 El dibujo de los balones de fútbol se introdujo para hacer la bola más fácil de ver en los televisores en blanco y negro.

808 El guardameta solo puede tener el balón en las manos durante ocho segundos.

809 Algunos de los sitios para los espectadores del campo del Teversal F.C. están hechos con marquesinas para guardar carritos del supermercado.

810 El fútbol de carnaval o fútbol medieval se ha jugado desde la Edad Media.

811 La Copa del Mundo de Fútbol se interrumpió durante doce años debido a la Segunda Guerra Mundial.

812 El fútbol a tres bandas se juega en un campo hexagonal con tres porterías.

813 El primer partido de fútbol de 90 minutos se jugó entre Londres y Sheffield en 1866.

814 El caño, o túnel, consiste en pasar el balón entre las piernas de tu contrincante.

815

Algunos asteroides llevan el nombre de futbolistas famosos.

816 En Brasil, a las esquinas superiores de la portería se les llama «donde duerme la lechuza».

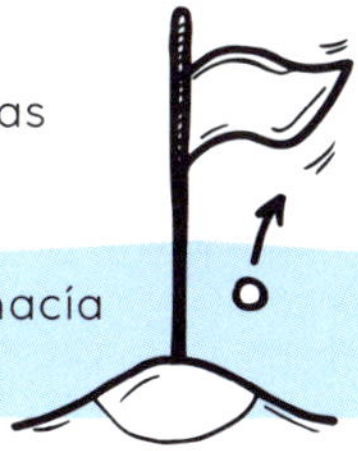

817 El fútbol femenino se introdujo en las Olimpiadas de Atlanta en 1996.

818 En la Edad Media, el balón de fútbol se hacía de una vejiga animal.

819 El Real Madrid es el equipo más valioso del mundo: está valorado en 6 600 millones de dólares.

820 El balón de fútbol no es esférico. Es un icosaedro truncado, hecho de 20 hexágonos y 12 pentágonos.

821 Hasta el país más pequeño del mundo, la Ciudad del Vaticano, tiene su propio equipo de fútbol nacional.

822 Un juego semejante al fútbol debió de jugarse en China hacia el siglo tercero antes de nuestra era.

823 El estadio de fútbol más grande del mundo es el Rungrado Primero de Mayo, en Corea del Norte, con capacidad para 114 000 personas.

824 El triplete (meter tres goles) se llama en inglés *hat-trick*. Este nombre viene de otro deporte, el críquet, donde se premiaba con una gorra al lanzador que conseguía eliminar a tres bateadores consecutivamente.

825 La canadiense Christine Sinclair ostenta el récord de más goles internacionales marcados: 190.

826 El guardameta israelí Isaak Hayik fue el futbolista profesional de más edad, con 73 años.

827 El equipo de Brasil es el único que ha jugado todos los torneos de la Copa del Mundo.

828 El mayor maratón de fútbol, jugado en 2019, duró 168 horas y terminó con el marcador a 1 797-1 830.

Teatro

829 La obra que lleva más tiempo representándose en un teatro es *La ratonera*, en Londres. Al final de cada representación, se le pide al público que no cuente a otras personas quién es el asesino, para no estropear el misterio.

830 Nadie sabe con seguridad de dónde viene la expresión «break a leg!» («¡rómpete una pierna!»), que se dice en inglés en el teatro en vez de «¡buena suerte!», frase esta que se supone da mala suerte. Podría tener que ver con el hecho de que en la antigua Grecia el público pataleaba para demostrar que les había gustado la actuación. En español, los actores se desean: «¡Mucha mierda!».

831 En el teatro tradicional japonés llamado «Noh» los actores llevan unas máscaras especiales que muestran distintas emociones. Inclinando levemente la cabeza, los actores se sirven de la luz y la sombra para mostrar las emociones de la máscara.

832 El «teatro invisible» es cuando los actores representan un espectáculo en sitios públicos normales como una cafetería o en la calle. ¡Estas actuaciones a veces son tan realistas que los viandantes no se dan cuenta de que se trata de teatro!

833 ¡A los antiguos griegos les encantaba el teatro! El teatro más viejo del mundo, el teatro de Dioniso en Atenas, tenía capacidad para 17 000 personas sentadas.

834 El nombre del personaje de Elphaba, del musical *Wicked*, viene de jugar con las iniciales del escritor de El mago de Oz, Lyman Frank Baum (L, F, B).

835 Existen cuatro grandes premios que pueden ganar los actores: el Emmy, el Grammy, el Oscar y el Tony. Solo 21 personas han llegado a ser EGOT: ganadores de los cuatro premios.

836 *El rey león* es una de las obras de teatro de más éxito de la historia. Lleva más de 25 años representándose y ha recaudado más de 10 000 millones de dólares.

837

Shakespeare fue el primero en usar más de 1 700 palabras y frases que todavía se emplean hoy en inglés, incluyendo «generous» (generoso), «critic» (crítico) y «in a pickle» (en aprietos).

838 Se considera que da mala suerte pronunciar el nombre de la obra de Shakespeare *Macbeth* en un teatro.

839 El musical más caro que se haya producido nunca ha sido *Spider-Man: Turn Off the Dark*. Tuvo un presupuesto de 75 millones de dólares, pero fue un fracaso y nunca recuperó el dinero invertido.

840 Se considera que Tespis (en el siglo VI antes de nuestra era) fue el primer actor de la historia además de inventor de la tragedia. No solo fue actor, sino también dramaturgo (escritor de teatro), aunque no se conserva ninguna obra suya.

841 En Austria existe un teatro tan pequeño que el escenario solo mide un metro treinta por un metro treinta. En cuanto al edificio, es una caseta en la que solo caben ocho personas de público. Pero las entradas son gratis.

842 Hoy día, el único edificio de Londres al que se permite tener tejado de paja es el Globo, el teatro de Shakespeare.

843

Muchos teatros dejan una sola bombilla encendida toda la noche. La teoría para mantener esa luz fantasma es facilitar que los fantasmas actúen en el teatro cuando ya se ha ido todo el mundo.

Hongos

844 El ser vivo más grande que habita en el planeta es una especie de armillaria.

845 Los hongos se reproducen por esporas que esparcen, entran en la tierra y crecen para formar un nuevo hongo.

846 La venenosísima *Amanita phalloides* es la responsable del 90 % de todas las muertes relacionadas con setas.

847 Los científicos de la NASA estudian los hongos porque pueden sobrevivir y desarrollarse en condiciones extremas.

848 Los hongos toman oxígeno y desprenden dióxido de carbono. ¡Exactamente igual que tú!

849 Cada año se descubren más de dos mil nuevas especies de hongos.

850 El champiñón común contiene un 90 % de agua.

851 Los hongos podrían ser la solución a la contaminación por plástico, pues algunas especies pueden descomponer el plástico.

852 Las enzimas de los hongos se pueden emplear para producir un plástico que se usa en ciertos componentes de los automóviles.

853

La seta ostra es carnívora. Atrae y digiere nematodos, también llamados gusanos redondos.

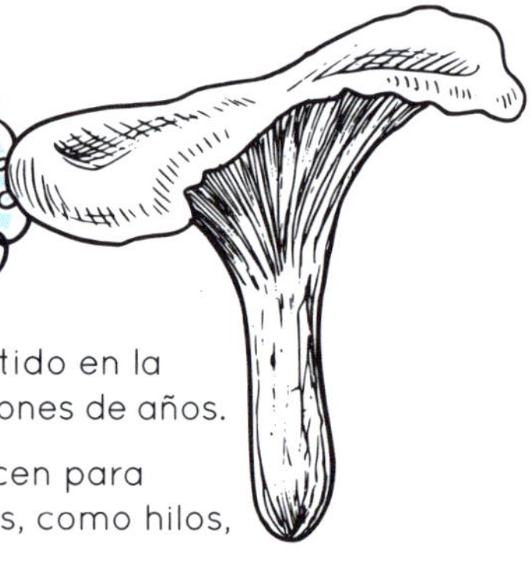

854 Los hongos pueden haber existido en la Tierra desde hace más de dos mil millones de años.

855 Las esporas de los hongos crecen para convertirse en una gran red de raíces, como hilos, llamada micelio.

856 Los científicos que se especializan en estudiar los hongos se llaman micólogos.

857 El *Pilobolus crystallinus* vive en las boñigas y puede lanzar sus esporas a una velocidad de 90 km/h.

858 Algunos hongos brillan en la oscuridad. Ese brillo se llama bioluminiscencia.

859 ¡Los hongos no son plantas! No son de color verde, no realizan la fotosíntesis y no producen su propio alimento como las plantas.

860 Un corro de brujas es un círculo de hongos silvestres.

861 Tienes unos 200 tipos de hongos pudriéndose en tus pies.

862 La seta llamada «dedos del diablo» huele a carne podrida.

863 A diferencia de las plantas, los hongos no necesitan la luz del sol para crecer.

864 Se han encontrado hongos en lugares radioactivos. Esos hongos utilizan la radiación como fuente de energía.

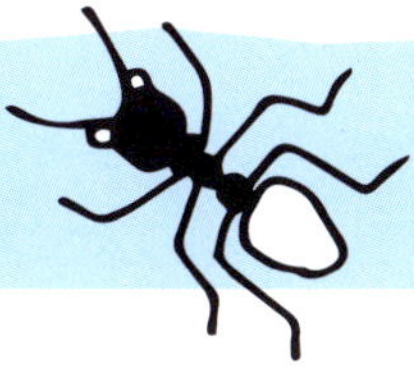

865 Las esporas de los *Cordyceps* infectan a las hormigas y se apoderan de sus cuerpos, antes de salir reventándoles la cabeza.

866 Los hongos no adquieren su comida de la fotosíntesis, sino que absorben nutrientes de la materia orgánica.

867 Usamos los hongos en medicinas, incluyendo la penicilina, que se hacía del moho *Penicillium*.

868 **Científicamente hablando, los hongos se parecen más a un animal que a una planta.**

Misión a Marte

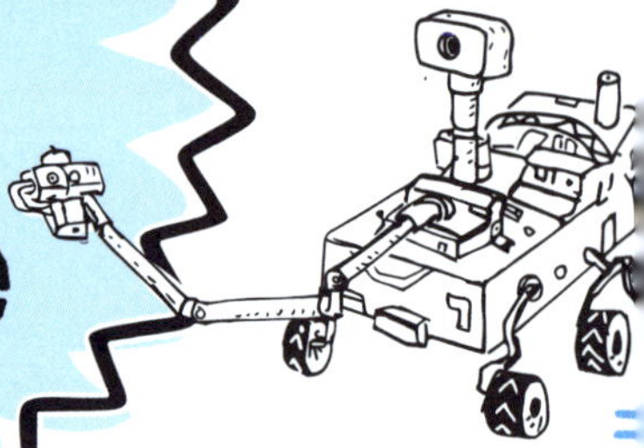

869 Marte se llama Marte por el dios romano de la guerra.

870 Marte da un giro completo sobre su eje cada 24,6 horas, lo que significa que un día en Marte (al que los astrónomos llaman «sol») dura casi lo mismo que un día en la Tierra.

871 Entre Marte y el Sol hay una distancia de unos 228 millones de kilómetros, así que a la luz le cuesta 13 minutos llegar del Sol al planeta rojo.

872 El helicóptero de Marte *Ingenuity* (apodado *Ginny*) llegó a Marte con el astromóvil *Perseverance* en 2021. *Ingenuity* realizó el primer vuelo propulsado en un planeta que no es la Tierra.

873 En el siglo XIX se pensó que en Marte había canales, pero las líneas que veían en el planeta solo eran una ilusión producida por otros elementos de la superficie.

874 Una vez cada pocos años, las tormentas de polvo cubren todo Marte y duran varios meses. No son especialmente fuertes, sin embargo: solo alcanzan la mitad de la velocidad de un huracán de la Tierra.

875 En Marte hay un enorme volcán llamado monte Olimpo.

876

Marte es el cuarto planeta desde el Sol. Como la Tierra, tiene una superficie dura y rocosa sobre la cual se puede caminar.

877 En Marte se encuentra el barranco más grande del sistema solar. El Valles Marineris es cinco veces más hondo, diez veces más largo y veinte veces más ancho que el Gran Cañón del Colorado.

878 Marte tiene dos lunas. Se llaman Fobos y Deimos.

879 Fobos, una de las lunas de Marte, describe una espiral de acercamiento a su planeta. Los astrónomos piensan que esta luna impactará en Marte dentro de unos 50 millones de años, o bien se deshará para formar un anillo.

880 Un año marciano es mucho más largo que un año en la Tierra: dura unos 687 días de la Tierra (669,6 días marcianos). Cada una de sus cuatro estaciones dura también más o menos el doble que en la Tierra.

881 La atmósfera de Marte es principalmente dióxido de carbono. El astromóvil *Perseverance* está probando modos de crear oxígeno a partir de él, lo cual facilitaría un día la posibilidad de que los humanos exploremos Marte.

882 Aparte de la Tierra, Marte es el único planeta que tiene dos casquetes de hielo permanentes. En la Tierra, los casquetes son vitales para la regulación del clima. En Marte, los casquetes de hielo se hacen más grandes o más pequeños según las estaciones.

883 La velocidad del sonido es menor en Marte que en la Tierra. Eso es porque la atmósfera de Marte es más de cien veces más delgada que la de la Tierra, y por eso las ondas sonoras no se pueden mover tan rápido.

884 Esa fina atmósfera significa que Marte puede ser realmente frío, pues el calor del sol se escapa con facilidad. De noche, las temperaturas pueden caer por debajo de los 91 grados bajo cero. ¡Brrrrr!

¡Qué es eso!

885 El queso más caro del mundo, el pule, se hace de leche de burra y cabra.

886 El queso está lleno de bacterias, levaduras y moho.

887 La reina Victoria recibió, entre sus regalos de boda, un *cheddar* gigante.

888 Existen unos dos mil tipos diferentes de queso.

889 Algunos tipos de queso maduran en cuevas, donde la temperatura es la perfecta para ellos.

890 El *halloumi* no desprende olor al ponerlo a la plancha.

891 El queso *cheddar* toma su nombre del pueblo de Cheddar, que está en Somerset, Inglaterra.

892 En una antigua tumba egipcia se ha encontrado queso con más de 3000 años de antigüedad.

893 ¡En Corea del Sur existe un parque temático del queso!

894 El *époisses* de Borgoña huele tan fuerte que se ha corrido el rumor falso de que está prohibido en los transportes públicos de París.

895 Los Premios Mundiales del Queso tienen lugar cada año. Participan quesos de más de cuarenta países, juzgados por 250 expertos internacionales que cada año eligen el mejor queso del mundo.

896 **Tradicionalmente, la *mozzarella* italiana se hace con leche de búfala, no de vaca.**

897 El queso es rico en calcio, lo que significa que es muy bueno para los dientes.

898 Algunos quesos huelen a pies porque contienen la misma bacteria que habita entre los dedos de tus pies.

899 El miedo al queso se llama turofobia.

900 En cierta batalla marina, se dispararon unas bolas duras y redondas de queso edam como bolas de cañón.

901 El roquefort es un queso azul aromatizado con un tipo de moho que crece en cuevas en el sur de Francia.

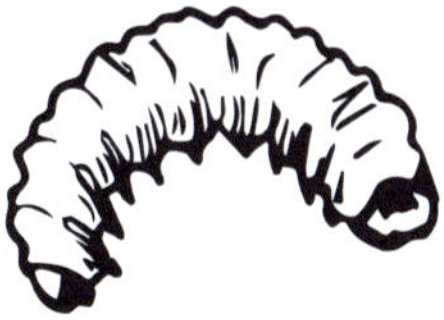

902

El queso sardo casu marzu contiene gusanos vivos.

903 ¡El queso es el alimento más robado en el mundo! Parece ser que se roba alrededor del 4% de todo el queso que se elabora en el planeta.

904 La tiromancia es la adivinación del futuro por medio del queso.

905 Los agujeros del queso suizo emmental son formados por burbujas de gas, y se llaman «ojos».

906 En Italia existe un banco que presta dinero a los fabricantes de queso a cambio de queso parmesano reggiano.

907 El *cheddar* «mature» normalmente madura durante seis o nueve meses. Para ser «vintage» tiene que haber madurado hasta dos años.

908 El récord del mundo de variedades de queso usadas en una sola *pizza* está en 1001.

Lucha deportiva

909 La palabra «yudo» significa «camino suave» en japonés. En el yudo, para vencer al contrincante, la técnica es más importante que la fuerza o el tamaño.

910 En la antigua Roma, a los boxeadores se les permitía llevar un guante de cuero llamado *caestus* en una o en ambas manos. Esos guantes tenían incrustaciones de metal, incluso clavos cosidos.

911 El krav magá es una lucha deportiva inventada en Israel. Se creó especialmente para los soldados para usarla como forma de autodefensa en situaciones de la vida real.

912 La capoeira parece un tipo de baile, pero en realidad es un arte marcial de Brasil. Ejecutado con música tradicional, emplea acrobacias, balanceos y patadas contra el oponente.

913

Parte del entrenamiento de un ninja consistía en caminar sobre grandes hojas de papel de arroz para practicar la habilidad de moverse sin hacer el menor ruido.

914 La lucha puede que sea el deporte más antiguo del mundo. Hay pinturas rupestres que tienen más de 15 000 años y que muestran a luchadores en distintas posiciones.

915 El término «touché» (que significa «reconozco que tienes razón y yo no la tenía») viene de la esgrima. Literalmente significa «tocado», y se refiere a cuando un esgrimidor toca a su oponente con la espada.

916 El antiguo deporte griego llamado «pancracio» era una mezcla de boxeo y lucha. ¡Para pelear, los luchadores se untaban con aceite!

917 Una de las espadas tradicionales usadas por los samuráis es la katana. La katana tenía un mango largo para que el espadachín pudiera sujetarla con las dos manos.

918 En el boxeo de ajedrez, los jugadores alternan entre el ajedrez y el boxeo. ¡El objetivo del juego es dar jaque mate en el tablero o KO en el *ring!*

919 El *chanko-nabe*, o «guiso del sumo», es un guiso especial ingerido por los luchadores de sumo japoneses para engordar. Se hace con pescado, pollo o tofu y muchas verduras.

920 Antes de que se introdujeran los guantes en el boxeo, los boxeadores golpeaban con los nudillos directamente, ¡a veces durante muchos asaltos antes de que hubiera un ganador!

921 Las luchas entre gladiadores en la antigua Roma a menudo contaban con árbitros para asegurarse de que los luchadores acataban las reglas. Los árbitros solían ser gladiadores retirados.

922 En el pasado, los luchadores de *muay thai* se endurecían las piernas y espinillas en el entrenamiento dando patadas a plataneras. Las plataneras son arbolillos bastante fuertes pero flexibles, que no rompen las piernas de los luchadores.

923

En el karate hay diez grados de cinturón negro. El décimo grado, el Ju-Dan, solo lo reciben maestros de karate que han pasado su vida practicando este arte.

Animales de Australia

924 Los marsupiales son unos raros mamíferos que llevan al bebé en una bolsa en la barriga.

925 Se dice que el animal más feliz del mundo es el cuoca, porque parece que está siempre sonriendo.

926 Los canguros tienen unas patas traseras muy grandes y fuertes, unos pies de jugador de baloncesto, y una cola larga que los ayuda a mantener el equilibrio.

927 Los koalas son los únicos animales, aparte de los primates, que tienen huellas dactilares.

928 El demonio de Tasmania se llama así a causa de sus potentes y chirriantes chillidos.

929 La lengua de los equidnas puede alcanzar los veinte centímetros. ¡Eso es la mitad de su cuerpo!

930 Los bandicuts tienen una de las gestaciones más cortas entre los mamíferos: unos doce días.

931 El ornitorrinco macho tiene un espolón en las patas traseras con el que puede inyectar veneno.

932 Los ualabíes rupestres pueden trepar por peñas casi verticales.

933 **Los canguros no pueden caminar hacia atrás.**

934 Los monotremas, entre los que están los equidnas y los ornitorrincos, son los únicos mamíferos que ponen huevos.

935 Los potorúes o canguros rata contribuyen a la salud de los bosques extendiendo las esporas de los hongos en sus caquitas.

936 El extinto diprotodon fue el marsupial de mayor tamaño que se conozca. ¡Era tan grande como un coche!

937 Los koalas duermen unas 18 horas al día.

938 El bilby, que es un marsupial del desierto, tiene la bolsa hacia atrás para que no se le llene de arena mientras excava.

939 Los wómbats hacen caca en forma cuadrada para que no se caiga rodando cuando quieren marcar su territorio.

940 Al nacer, el quol de cola moteada, también llamado gato tigre, tiene el tamaño de un grano de arroz.

941 El yapok, también conocido como zorro acuático, es el único marsupial con los pies palmeados.

942 El númbat usa su larga y pegajosa lengua para devorar hasta 20 000 termitas al día.

943 El extinto tigre de Tasmania tenía aspecto de perro salvaje, pero en realidad era un marsupial con su bolsa.

944 Los koalas tienen dos pulgares en cada pata.

945 Los ualabíes se lamen las manos y los antebrazos para refrescarse.

946 Los wómbats parecen lentos, pero pueden alcanzar los 40 km/h.

947 Los ornitorrincos tienen un aspecto tan extraño que cuando los primeros occidentales los vieron en 1798, se pensaron que eran una broma.

Tiempos prehistóricos

948 La prehistoria es el periodo antes de que tengamos testimonios escritos, lo cual significa que «la historia» empieza en diferentes momentos dependiendo de cada lugar. En Gran Bretaña, la prehistoria termina en el año 43, cuando llegan los romanos.

949 Tradicionalmente, los arqueólogos dividen la prehistoria en tres eras, que reciben el nombre del material principal que usara el ser humano: la Edad de Piedra, la Edad de Bronce, y la Edad de Hierro.

950 Existen pinturas rupestres de más de 64 000 años, antes de que apareciera el humano moderno (*Homo sapiens*). Esas obras de arte las hicieron nuestros viejos parientes, los neandertales.

951 En la Edad de Piedra, el ser humano era cazador-recolector. Sabía rastrear animales por las huellas de sus pies o las ramitas del suelo que rompían al pisar, y terminaban matándolos con lanzas.

952 En Gran Bretaña, los humanos de la Edad de Piedra se hacían dibujos en el cuerpo, usando una pintura llamada «ocre», hecha a partir de un tipo de arcilla roja.

953 ¡En los tiempos prehistóricos, los huesos de los animales eran sumamente útiles! Los humanos los tallaban para hacer todo tipo de herramientas con ellos, desde agujas de coser a arpones que empleaban para atrapar peces en los ríos.

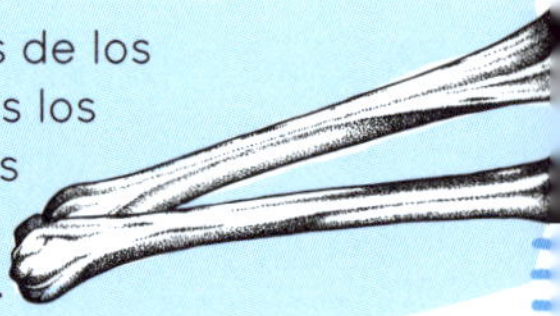

954 Hace unos 200 000 años, los neandertales hacían pegamento con cortezas de árbol mezclada con ceniza. Usaban ese pegamento para unir mangos de madera a herramientas de piedra.

955 Los humanos empezaron a ponerse ropa hace unos 170 000 años. Usaron pieles de animales tales como osos para estar calentitos durante la Edad de Hielo.

956 Aunque los neandertales y los *Homo sapiens* eran especies distintas, el caso es que tuvieron hijos juntos. ¡Eso significa que tú podrías tener un poquito de neandertal!

957 ¡Algunos arqueólogos piensan que en la prehistoria los humanos ya tenían mascotas! Se piensa que domesticaron perros salvajes para usarlos como compañeros de caza.

958 Antes de la invención de la cazuela, los humanos hervían el agua calentando piedras en el fuego. A continuación, dejaban caer esas piedras en un hoyo o en una piel animal rellenos de agua.

959 Nadie sabe a ciencia cierta para qué se hicieron los grandes círculos de piedra como el de Stonehenge. Puede que se usaran como una especie de calendario para seguir los movimientos del sol, como templo, como cementerio, como lugar de ceremonias, para encuentros sociales... ¡o para todas esas cosas!

960 Se ha visto en los dientes de un individuo neandertal que había masticado corteza de chopo. Esta corteza contiene una sustancia química relacionada con la aspirina, ¡así que puede que tuviera dolores de cabeza!

961 Los humanos llevamos 50 000 años haciendo música. Los arqueólogos han encontrado una flauta tallada a partir de un hueso de oso cavernario que data del tiempo de los neandertales.

962

El mamut lanudo fue muy importante para los humanos prehistóricos. Proporcionaba carne para alimentarse y pieles para vestirse. Los humanos prehistóricos también usaban los huesos para construir refugios y los colmillos para hacer herramientas.

¡A jugar!

963 En el *Monopoly*, el agente de policía que te manda a la cárcel se llama «Oficial Mallory».

964 Los lados opuestos de un dado suman siete; y cuando tiras un par de dados, es más probable que salga siete que ningún otro número.

965 En *Super Mario Bros*, hay un «Minus World» secreto del que Mario no puede escapar.

966 El nombre «Jenga» proviene de la palabra suajili «kujenga», que significa «construir».

967 *Pokémon GO* empezó como una broma del día de los inocentes, en la que se retó a los usuarios a buscar y atrapar a Pokémon en Google Maps.

968 La persona que deja caer la primera ficha en el juego *Conecta 4* siempre tiene ventaja.

969 Los creadores de *Angry Birds* eligieron como enemigo a los cerdos verdes porque en aquellos días la gripe porcina estaba todo el tiempo en las noticias.

970 Existe un Campeonato Mundial anual del juego «piedra, papel o tijera».

971 Hay más de 40 millones de juegos en Roblox.

972 En *Minecraft*, el tiempo se mide en ticks. Un día de Minecraft consta de 24 000 ticks.

973 Se considera que el primer videojuego del mundo fue *Tennis for Two*, que apareció en 1958.

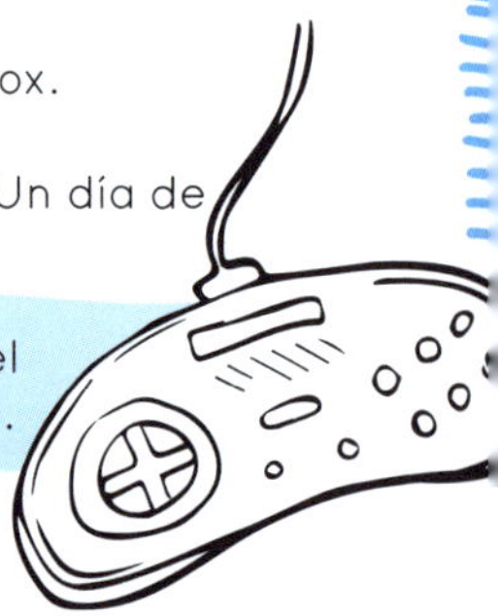

974 Existen tantas posibles combinaciones de cartas en una baraja que ha sido bien barajada, que se estima que nunca se ha repetido ninguna.

975 La consola más vendida en la historia de los videojuegos ha sido PlayStation 2. Se vendieron en todo el mundo unos 160 millones.

976 Existen más de 700 variantes del juego de cartas *UNO* y derivados.

977 **El cubo de Rubik tiene más de 43 trillones de combinaciones posibles.**

978 La puntuación más alta que se puede obtener en el *Scrabble* con una sola palabra es 1 644 puntos, por la palabra FLEXIBILIZÁBAIS.

979 *Operación* fue originalmente diseñado como un juego eléctrico llamado Death Valley, situado en un desierto.

980 Mario, el héroe fontanero de Nintendo, apareció por primera vez en el juego Donkey Kong, en 1981.

981 El hombre que inventó el crucigrama (*crossword* en inglés), lo llamó «wordcross» (cruz de palabras), pero una errata al imprimirlo cambió el nombre para siempre.

982 Se dice que el Comecocos fue inspirado por una pizza de la que alguien ha cogido la primera porción.

983 En Armenia, los niños de la escuela primaria aprenden ajedrez como parte del currículum.

984 En *«Fortnite: Salvar al mundo»*, esa especie de zombis repelentes se llaman «husks».

985 *Tetris* fue el primer videojuego que se jugó en el espacio, cuando un cosmonauta se llevó a una misión su Game Boy.

986 El juego original de *Cluedo* se basaba en personajes de los casos de detectives de los años 20 y 30.

Astronomía

987 La palabra «astronomía» significa, literalmente, «ley de las estrellas». Proviene de las palabras griegas «astron» (estrella) y «nomos» (ley).

988 El telescopio espacial James Webb orbita en torno al sol, a 1,5 millones de kilómetros de la Tierra. Las fotos que toma nos muestran cómo era el universo hace miles de millones de años.

989 La primera vez que los astrónomos detectaron el «pulso» que procede de las estrellas de neutrones (restos estelares pequeños y superdensos) pensaron que se trataba de extraterrestres tratando de contactar con la Tierra.

990 Los asteroides se descubrieron por accidente en 1801, cuando el astrónomo italiano Giuseppe Piazzi se dio cuenta de que lo que había tomado por una estrella se encontraba cada noche en un lugar diferente.

991 En una noche oscura y despejada se puede ver la galaxia de Andrómeda sin necesidad de aparatos. ¡Andrómeda se encuentra a unos 2,5 millones de años luz!

992 Las antiguas civilizaciones pueden haber usado círculos de piedra como el de Stonehenge a modo de calendario. La posición de las distintas estrellas podría haberlos ayudado a seguir el movimiento del sol y las estrellas.

993 Cuando descubrió el planeta llamado Urano, el astrónomo William Herschel quiso llamarlo Georgium Sidus («estrella de Jorge») en honor al rey Jorge III.

994 La mayoría de los observatorios se construyen en sitios elevados, como la cima de una montaña. La atmósfera ahí es menos densa y el aire más transparente, así que los telescopios tienen en esos lugares una mejor visión del espacio.

995 Durante más de cien años, la Unión Astronómica Internacional ha estado a cargo de la nomenclatura de los nuevos descubrimientos espaciales.

996 Los primeros astrónomos pensaron que las zonas oscuras que pueden verse en la Luna eran océanos o grandes lagos, y por eso las llamaron *mare* («mar»). Lo cierto es que son enormes llanuras de lava solidificada.

997 Los humanos no podemos ver la luz ultravioleta, pero los telescopios espaciales sí que pueden. Han detectado un montón de radiación ultravioleta en el espacio, producida por estrellas jóvenes que lanzan grandes cantidades de energía.

998 El Gran Telescopio Canarias (GTC), que es uno de los telescopios más grandes del mundo, tiene un espejo de más de diez metros de anchura. ¡Eso es mucho más que el ancho de un autobús!

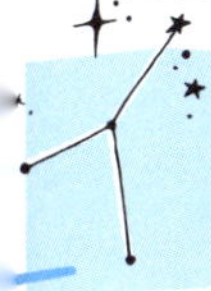

999 El primer catálogo de estrellas se hizo hace más de 2000 años, en el 129 a. e. c. En él, el antiguo astrónomo griego Hiparco señalaba 850 estrellas.

1000 El telescopio que construyó Galileo en 1609 era menos potente que muchos prismáticos modernos. Aun así, hizo con él descubrimientos sorprendentes, como las cuatro lunas de Júpiter.

1001 Isaac Newton es famoso sobre todo por el descubrimiento de la ley de la gravedad, pero además fue el primero que hizo un telescopio con espejos.

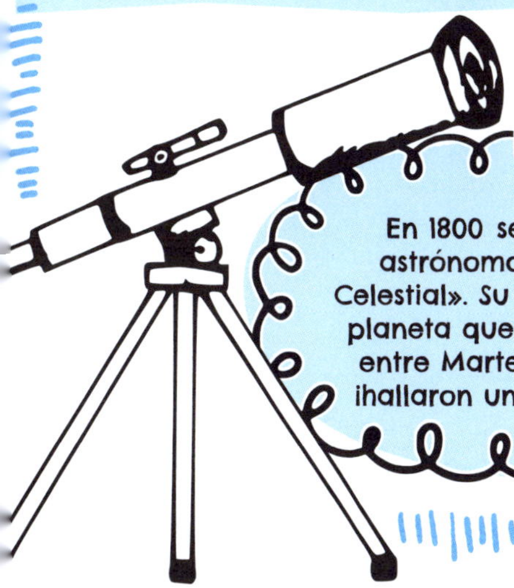

1002

En 1800 se formó un grupo de astrónomos llamado «la Policía Celestial». Su misión era encontrar un planeta que se pensaba que existía entre Marte y Júpiter. En su lugar, ¡hallaron un montón de asteroides!

La antigua Grecia

1003 La antigua Grecia estaba constituida por «ciudades estado» separadas. Por ejemplo, Atenas y Esparta.

1004 Se supone que fue el «padre de la medicina», Hipócrates, quien ideó el juramento hipocrático, que aún siguen los médicos.

1005 La estatua gigante del Coloso de Rodas, una de las siete maravillas del mundo antiguo, duró en pie menos de sesenta años.

1006 Los dioses griegos estaban encabezados por Zeus, dios del cielo y del trueno.

1007 Parece que los antiguos griegos creían que los pelirrojos se convertían en vampiros al morir.

1008 Aun cuando las ciudades estado estuvieran en guerra, hacían una tregua para los juegos olímpicos.

1009 Los templos de la antigua Grecia no eran blancos como los vemos hoy, sino que estaban pintados de colores brillantes.

1010 Nuestro alfabeto se basa en el griego. Además, cientos de palabras que usamos hoy día provienen de la lengua griega.

1011 **¡Puede que los antiguos griegos se limpiaran el trasero con trozos de cerámica!**

1012 La primera mención que nos ha llegado de un yoyó es de la antigua Grecia, del 500 a. e. c.

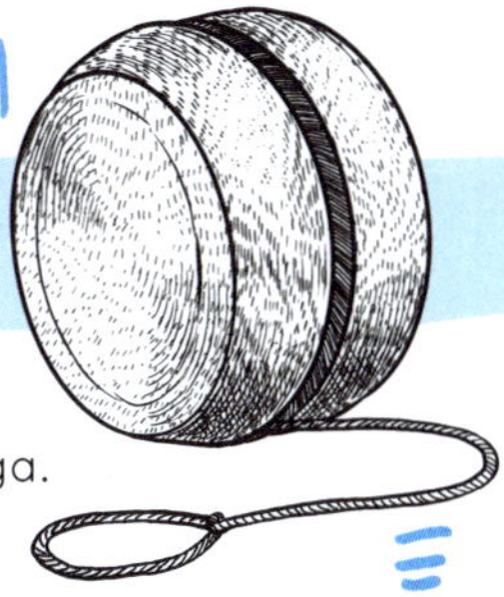

1013 En la antigua Grecia, la mayoría de la gente se vestía con un quitón, una especie de túnica larga.

1014 Los esclavos tenían que llevar taparrabos: pequeñas tiras de tela que rodeaban la cintura.

1015 El Partenón, el famoso templo de Atenas, se construyó en honor a la diosa Atenea.

1016 Se dice que las mujeres griegas mandaban a sus hijos a la guerra diciéndoles las palabras: «Regresa con tu escudo, o sobre él».

1017 El matemático griego Pitágoras creía que los números tenían poderes mágicos.

1018 El famoso militar griego Alejandro Magno dio su nombre a setenta ciudades.

1019 Los actores del antiguo teatro griego llevaban máscaras para mostrar una cara feliz, y otra triste.

1020 En Esparta, los niños empezaban a entrenar para convertirse en soldados a la edad de siete años.

1021 Una tercera parte de la población de la antigua Grecia eran esclavos.

1022 ¡Puede que los griegos inventaran la tarta de queso!

1023 Los antiguos griegos inventaron la rueda hidráulica y los engranajes para que funcionaran. Se usaron en molinos de agua para moler el trigo, cortar piedras y proporcionar agua, así que eran vitales para la eficiencia y la productividad.

1024 Pitágoras y sus seguidores pensaban que algunos tipos de habas contenían el alma de los muertos.

1025 La palabra «idiota» proviene de una antigua palabra griega que significaba «persona que no se ocupa de asuntos públicos».

Planeta plástico

1026 El primer plástico totalmente sintético se llamó «baquelita». Fue inventado en el año 1907 por un químico belga llamado Leo Baekeland. ¡Se comercializó como «el material de los mil usos»!

1027 Lego® se ha propuesto hacer todos sus ladrillos de plástico reciclado en 2032.

1028 A una botella de plástico o un cepillo de dientes les cuesta 500 años descomponerse. Y ni siquiera entonces desaparecerán del todo, sino que solo se habrán dividido en trocitos minúsculos.

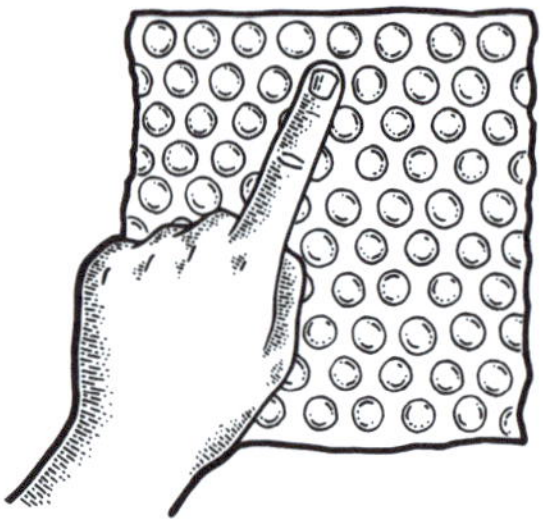

1029

El plástico de burbujas se diseñó originalmente para ser usado como papel pintado en las paredes. Resultó mucho más útil como material para el empaquetado.

1030 En el océano Pacífico existe una zona de desechos plásticos flotantes que tiene tres veces el tamaño de Francia. Se conoce como la Gran Mancha de Basura del Pacífico.

1031 Existen dos tipos principales de plástico: el termoplástico puede ser fundido y moldeado varias veces; el plástico termoestable solo puede moldearse una vez, ¡y conserva esa forma para siempre!

1032 El plástico se puede reciclar en muchos productos diferentes. Unas siete botellas de plástico se pueden convertir en una camiseta, y veinticinco botellas de plástico ¡se pueden transformar en un jersey o un forro polar!

1033 En la India, hay carreteras hechas de plástico. La basura plástica se derrite para hacer con ella una superficie tan dura como el asfalto.

1034 Las personas escuchaban música en discos de vinilo, ¡y algunos siguen haciéndolo! El vinilo se hace con un tipo de plástico llamado PVC (policloruro de vinilo), que es difícil de reciclar, así que la industria musical está buscando alternativas. Una de esas alternativas es el «vinilo oceánico», que está hecho de plásticos del mar reciclados.

1035 Los diminutos trocitos de plástico que se funden para hacer productos de plástico se llaman pélets. (También se utiliza a veces la palabra inglesa «nurdles»).

1036 El plástico es un tipo de sustancia química llamada polímero. Este nombre significa «de muchas partes». Recibe ese nombre porque consiste en largas cadenas de moléculas.

1037 Los científicos han desarrollado ¡plástico autorreparable! Ese sorprendente material es capaz de reparar sus propias grietas, de manera que dura mucho más.

1038 El chicle es básicamente un plástico con aroma añadido. ¡Por eso no se deshace en la boca, por mucho tiempo que lo mastiques!

1039 El plástico puede llegar a cualquier lugar del océano. Se han encontrado plásticos en la fosa de las Marianas: el lugar más profundo del océano.

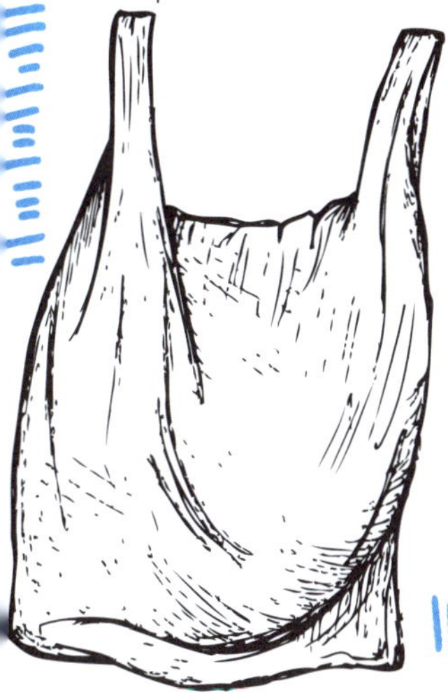

1040

En el mundo se compra un millón de botellas de plástico cada minuto, y cada año se usan cinco billones de bolsas de plástico.

Animales extremos

1041 Algunos caracoles comunes de jardín duermen hasta tres años de una sentada.

1042 El camarón pistola cierra su pinza tan rápido que suena más fuerte que un disparo de pistola y crea una onda de choque en el agua que aturde a peces, gusanos y otras presas.

1043 El guepardo siempre ganaría en el esprint, pero el antílope americano ganaría en larga distancia.

1044 El pez globo tiene veneno suficiente para matar a treinta personas.

1045 El pez pulmonado de África puede sobrevivir al menos un año fuera del agua.

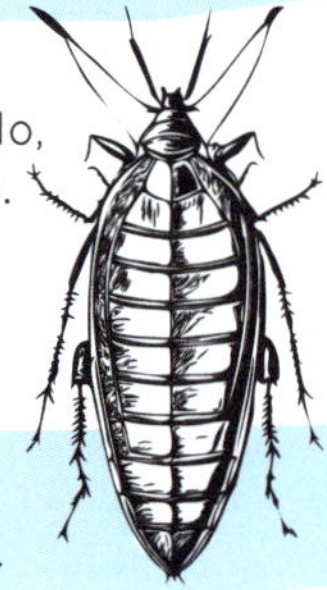

1046 Los tardígrados (también conocidos como «osos de agua») pueden sobrevivir en agua hirviendo, en condiciones de congelación, e incluso en el espacio.

1047 El lagarto cornudo o llorasangres dispara sangre por los ojos cuando se siente amenazado.

1048 Las cucarachas pueden sobrevivir días sin cabeza, y solo terminan muriendo por falta de agua.

1049 El tiburón de Groenlandia puede vivir más de 500 años.

1050 Los jaguares ven en la oscuridad seis veces mejor que los humanos.

1051 La ballena azul puede llegar a pesar doscientas toneladas. ¡Eso es más que treinta elefantes!

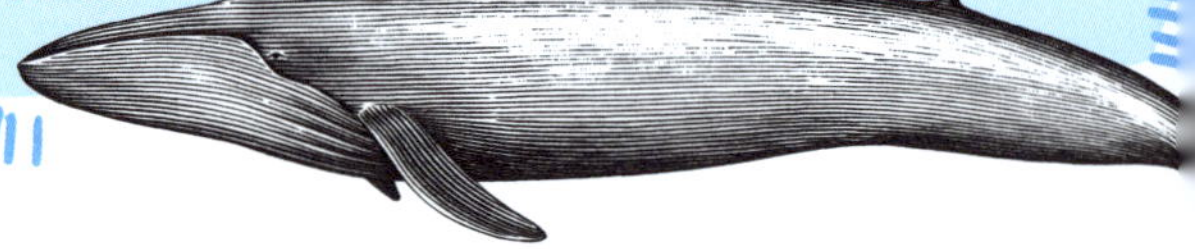

1052 Descendiendo en picado, el halcón peregrino puede alcanzar los 320 km/h.

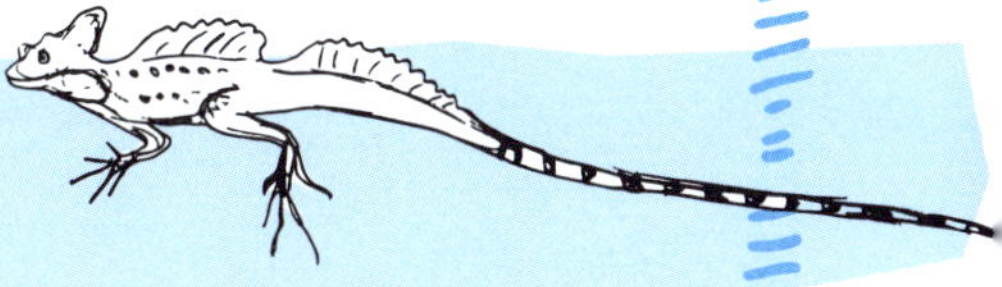

1053 Los pies palmeados del basilisco común le permiten correr sobre el agua.

1054 La tortuga gigante de las islas Galápagos es enorme, llegando a pesar 250 kilos. ¡Eso es el peso de tres hombres adultos!

1055 Se considera que el animal más mortal del planeta es el mosquito, porque extiende la enfermedad de la malaria.

1056 Los leones marinos son grandes buceadores: algunos pueden contener la respiración hasta 20 minutos.

1057 ¡Un caracol de jardín normal tiene unos 14 000 dientes!

1058 El vencejo puede volar hasta diez meses sin posarse.

1059 El pulpo hembra muere después de dar a luz.

1060 Las vacas defecan hasta quince veces al día, ¡lo cual puede producir unas 21 toneladas de estiércol al año!

1061 En su estado adulto, con alas, muchas efímeras viven menos de 24 horas.

1062 En las zonas verdes, hay una media de doce arañas por metro cuadrado.

1063 Una anguila eléctrica puede generar electricidad suficiente para encender un rato una bombilla.

1064 El corazón de un colibrí puede latir más de 1 200 veces por minuto.

1065 Los ojos de un avestruz son más grandes que su cerebro.

Libros

1066 A Johannes Gutenberg se le adjudica haber inventado la imprenta en el siglo XV. Desde entonces, se calcula que se han publicado más de 160 millones de libros.

1067 La bibliofobia es un fuerte miedo a los libros. La abibliofobia es el miedo a quedarse sin libros para leer.

1068 Un amigo le apostó al Dr. Seuss a que no sería capaz de escribir una historia usando solo 50 palabras diferentes. El Dr. Seuss ganó la apuesta escribiendo *Huevos verdes con jamón*.

1069 En 1755, el doctor Samuel Johnson publicó un diccionario de la lengua inglesa que definía 42 733 palabras. Eso parece muchísimo, pero actualmente hay diccionarios que definen más de 600 000 palabras.

1070 La mayor biblioteca del mundo es la Biblioteca del Congreso, en Washington, Estados Unidos. Alberga más de 164 millones de libros, que se guardan en unos 1350 kilómetros de estantería.

1071 El *Ulises*, la famosa novela del escritor irlandés James Joyce, es uno de los libros más peliagudos de leer. ¡Una de sus frases consta de 4391 palabras!

1072 Se habla de «ratones de biblioteca» para referirse a las personas que se pasan el día leyendo, porque se dice que «devoran libros» como pueden hacer literalmente los ratones (y ciertos insectos).

1073 **La primera novela que se escribió en una máquina de escribir fue *Las aventuras de Tom Sawyer*. ¡Al menos eso es lo que aseguraba su autor, Mark Twain!**

1074 Roald Dahl iba a un colegio que se encontraba cerca de una fábrica de chocolate. La empresa a veces pedía a los alumnos del colegio que cataran sus productos. Eso puede haber inspirado su libro *Charlie y la fábrica de chocolate*.

1075 El escritor americano Truman Capote escribía todos sus libros acostado, en el sofá o en la cama. «Soy un autor completamente horizontal», decía.

1076 El manuscrito Voynich es el libro más misterioso del mundo. Fue escrito a mano en el siglo xv en un idioma desconocido. Académicos de todo el mundo siguen intentando descifrar el manuscrito.

1077

El relato más antiguo del mundo es un largo poema llamado *La epopeya de Gilgamesh*. Fue escrito en tablillas de arcilla hace casi 4000 años, y cuenta las aventuras de un antiguo rey.

1078 Suzanne Collins encontró la idea de *Los juegos del hambre* cuando hacía zapping en la tele, al coger momentos de la cobertura de una guerra y de un *reality show*.

1079 El libro de venta más rápida en la historia fue *Harry Potter y las reliquias de la muerte,* el último libro de la serie. En solo un día, se vendieron en Estados Unidos 8,3 millones de ejemplares.

1080 Jane Austen es famosa por escribir sobre historias de amor, pero no se casó nunca. En una ocasión estuvo comprometida, pero solo durante un día. ¡Tardó muy poco en pensar que había cometido un error!

Las Olimpiadas

1081 Los Juegos Olímpicos empezaron a celebrarse en la antigua Grecia, en la ciudad de Olimpia, hace unos 3 000 años.

1082 Un francés llamado Pierre de Coubertin decidió revivir los Juegos en 1896.

1083 En 1900, el globo aerostático fue deporte olímpico.

1084 El nadador Michael Phelps ha ganado 28 medallas olímpicas para Estados Unidos, más de las que la mayoría de los países han ganado en total.

1085 En los Juegos de Invierno de las Olimpiadas de 1964, ¡el ejército de Austria tuvo que transportar nieve de montañas próximas porque no había suficiente!

1086 En los tiempos antiguos, al periodo de cuatro años se le llamaba olimpiada.

1087 En 1896, en las primeras Olimpiadas modernas, tomaron parte 241 atletas. En 2024 fueron 10 500.

1088 Cuba ha ganado más medallas de oro en béisbol que ningún otro país.

1089 Hay dos deportes exclusivos de los Juegos Paralímpicos: las bochas adaptadas y el golbol.

1090 Los Juegos de Invierno se celebraron por primera vez en Chamonix, Francia, en 1924.

1091 La natación sincronizada a menudo se ve como un deporte de equipo, pero desde 1984 a 1992 la natación sincronizada individual fue un evento olímpico.

1092 ¡Hasta 1912, las medallas de oro de las Olimpiadas eran de oro macizo de verdad!

1093 Cuando la gimnasta Nadia Comaneci obtuvo un 10,00 perfecto, en el marcador apareció como 1,00 debido a que el marcador no estaba preparado para cuatro dígitos.

1094 El etíope Abebe Bikila ganó la maratón de 1960 corriendo descalzo.

1095 El estadounidense Eddie Eagan es la única persona que ha ganado el oro tanto en las Olimpiadas de Verano (boxeo) como en las de Invierno (*bobsleigh*).

1096 Los aros del símbolo de las Olimpiadas representan a los cinco continentes que tomaron parte en las primeras Olimpiadas modernas.

1097 Los Juegos de Verano se han cancelado en tres ocasiones: en 1916, en 1940 y en 1944, a causa de las guerras mundiales.

1098 El récord del salto de longitud de 1968 no ha sido batido todavía.

1099 El símbolo de los Juegos Paralímpicos son tres elementos curvos que se llaman «agitos». Agito significa «yo me muevo» en latín.

1100 La llama olímpica se enciende en Olimpia, Grecia, y después se lleva en una carrera de relevos hasta el país anfitrión.

1101 El *breaking* (estilo de danza callejera que empezó en los años 70 del siglo pasado en la ciudad de Nueva York) entró en las Olimpiadas de Verano de 2024.

1102 En 1900, las pruebas de natación se realizaron en el río Sena.

1103 El boxeo femenino entró en las Olimpiadas en 2012.

1104 Richard Norris Williams, medalla de oro en tenis, fue uno de los supervivientes del hundimiento del *Titanic*.

La antigua Roma

1105 Costó ocho años construir el Coliseo de Roma. En los grandes eventos, los espectadores podían entrar gratis: ¡pagaba el emperador!

1106 ¡Las carreras de cuadrigas eran aún más populares que las luchas de gladiadores! El estadio de carreras del Circo Máximo podía albergar hasta 150 000 personas.

1107 Julio César enviaba mensajes cifrados a los generales de su ejército. El «cifrado César» cambiaba cada letra por otra que se encontraba a una distancia determinada en el alfabeto. Por ejemplo, con un desplazamiento de tres letras, la A se convertía en D, la B se convertía en E, etc.

1108 Solo los ciudadanos romanos (y solo los hombres) tenían permitido llevar toga. A las mujeres, esclavos y extranjeros les estaba prohibido.

1109 En su apogeo, el Imperio romano llegó a ocupar cinco millones de kilómetros cuadrados. En ese momento, una de cada cuatro personas del mundo vivía bajo el control del emperador.

1110 Siendo muy joven, Julio César fue capturado por piratas. ¡Él les dijo que el rescate que pedían era demasiado bajo! Una vez liberado, César capturó a los piratas y los mandó matar.

1111

En la antigua Roma se empleaba la numeración romana. Esta utiliza siete letras para los números clave: I (1), V (5), X (10), L (50), C (100), D (500), M (1000).

1112 Los gladiadores romanos eran prácticamente vegetarianos. Comían mucho trigo, alubias y cebada. De hecho, en la antigua Roma a los gladiadores se los apodaba «hombres de cebada».

1113 El conductor de cuadrigas Diocleciano puede que haya sido el atleta mejor pagado de toda la historia. Cuando se jubiló, había ganado 35 863 120 sestercios... ¡eso representa unos 13 000 millones de euros de hoy día!

1114 Roma tenía un increíble sistema de alcantarillado llamado la Cloaca Máxima. Se comenzó en el siglo VI a. e. c., ¡y algunas partes de ese sistema todavía se usan hoy!

1115 En cierta ocasión, el emperador Calígula le declaró la guerra al mar y a su dios, Neptuno, y ordenó a sus soldados que recogieran conchas como botín de guerra (para demostrar que había ganado la guerra).

1116

En la antigua Roma, se recogía la orina de las letrinas públicas y se vendía en el mercado, ¡porque se usaba como producto de limpieza!

1117 Los historiadores calculan que unas 500 000 personas y más de un millón de animales murieron en el Coliseo.

1118 Solo la realeza podía llevar un color especial llamado «púrpura de Tiro». El tinte se hacía con caracolas, y era muy caro. Aún hoy día, asociamos el color morado con la realeza.

1119 Las letrinas públicas estaban equipadas con trozos de esponja natural sujetos a un palo: una versión antigua del papel higiénico. Se limpiaban en vinagre o agua salada, y quedaban listos para el siguiente usuario.

Comida rápida

1120 Los McNuggets de pollo vienen en cuatro formas distintas: campana, bola, bota y hueso (o pajarita).

1121 En Corea del Sur se puede comprar hamburguesas de calamar en algunos restaurantes de comida rápida.

1122 Se calcula que cada mes, aproximadamente 9 de cada 10 niños estadounidenses entran en un restaurante de McDonald's.

1123 En el Reino Unido en las dos guerras mundiales, el *fish and chips* (pescado rebozado y frito con patatas) se encontraba entre los poquísimos alimentos que no estaban racionados, porque se lo consideraba importante para elevar la moral de la población.

1124 En Finlandia, la carne de reno es un ingrediente muy común en las *pizzas*.

1125 En Japón, unos 3,5 millones de personas toman pollo frito Kentucky en la cena de Nochebuena.

1126 Se dice que el burrito debe su nombre al burro de un famoso vendedor de burritos, Juan Méndez.

1127 El *tikka masala* de pollo, la comida india para llevar más popular, no proviene de la India. ¡Lo inventó un cocinero de Glasgow!

1128

Se cree que las patatas fritas, que en inglés se llaman «French Fries», se inventaron en realidad en Bélgica.

1129 El caviar de kétchup son unas perlitas diminutas de kétchup preparadas para que parezcan unas prohibitivas huevas de pescado.

1130 Las bolsas de patatas fritas están llenas de nitrógeno, no de aire, para mantener las patatas crujientes.

1131 En cierta ocasión, McDonald's fabricó chicle con sabor a brécol.

1132 El azúcar, la sal y la grasa que contiene la comida basura engañan a tu cerebro para que quiera más.

1133 El primer reparto de una *pizza* se entregó a la reina Margarita de Saboya, en Italia, en 1889.

1134 El primer logo de MacDonald's incluía la figura de un cocinero con una hamburguesa en vez de cabeza.

1135 **En cierta región de Colombia es muy común comer hormigas culonas tostadas**

1136 En Australia, el Burger King se llama Hungry Jack's.

1137 Las patatas fritas más caras del mundo llevan oro espolvoreado y cuestan 200 dólares la porción.

1138 El sabor de helado más popular en el mundo es el de vainilla.

1139 ¡La hamburguesa de dónuts se hace poniendo dónuts glaseados en vez de pan!

1140 ¡En otro tiempo, el kétchup se tomó como medicina contra la indigestión y la diarrea!

1141 Una cadena de restaurantes en México ofrece el servicio más rápido del mundo. Los camareros sirven un menú completo en unos trece segundos.

1142 Antes, McDonald's servía también *pizzas*. Según su página web, no tienen planes para volver a ponerla en sus menús.

1143 En cierta ocasión, se entregó una *pizza* nada menos que en la Estación Espacial Internacional.

Fiebre bailonga

1144 ¡Bailar da felicidad! Los científicos han visto que al bailar se liberan en el cerebro unas sustancias químicas llamadas endorfinas, que le suben la moral al que baila.

1145 La danza *gumboot* se originó como una manera de comunicarse los mineros en las minas de Sudáfrica. Tenían prohibido hablar, así que se comunicaban con golpes que daban con sus botas de goma.

1146 La punta de una zapatilla de punta de *ballet* está rellena de tela y cartón. Eso ayuda a la bailarina a permanecer sobre las puntas de los pies durante un buen rato.

1147 El adumu, o danza de salto, es el baile tradicional de los masáis de Kenia y Tanzania. Los jóvenes guerreros se turnan para saltar lo más alto que pueden.

1148 El primer vídeo de YouTube que consiguió más de mil millones de visionados fue *Gangnam Style*. Esta canción surcoreana, con sus divertidos movimientos de baile, batió récords en 2012.

1149 La danza hula de Hawái fue originalmente una especie de cuentacuentos. Los bailarines movían las manos y las caderas para compartir los mitos y leyendas de su cultura.

1150 **En 1518, una extraña «epidemia de baile» se apoderó de la gente en la ciudad de Estrasburgo (en Francia actualmente). Algunas personas bailaron hasta morir. Nunca se ha conocido la causa.**

1151 En la India existen pinturas rupestres que muestran personas en fila, cogiéndose la mano, con un músico a un lado. ¡Parece que las personas llevan más de 9 000 años disfrutando de bailar juntas!

1152 La conga más larga que se conoce tuvo lugar en 1988. Casi ciento veinte mil personas se unieron a la fila en lo que se conoce como la Superconga de Miami.

1153 El movimiento de deslizamiento conocido como caminata lunar, o paso lunar, se asocia con la estrella pop Michael Jackson. Pero él se basó en un baile anterior conocido como *backslide*.

1154 El *bhangra* lo bailaban originalmente los granjeros de la India. Con esta animada danza, celebraban la cosecha.

1155 La sencilla y divertida danza llamada *Hokey Cokey* se desarrolló a partir de una canción previa escocesa, el *Hinkumbooby*.

1156 En la antigua Grecia había nueve musas, relacionadas con distintas artes y ciencias. Terpsícore era la musa de la danza.

1157 La película *Footloose* trata de un pueblo de Estados Unidos donde los jóvenes tienen prohibido bailar. Está basada libremente en una historia real.

1158

En 2008, los guardias del tráfico de Rumanía siguieron clases de ballet ¡para aprender a dirigir el tráfico con más gracia!

Estrellas y galaxias

1159 En la galaxia hay más planetas que estrellas.

1160 La mayoría de las galaxias pertenecen a cuatro tipos: elípticas, espirales, lenticulares e irregulares.

1161 Nuestra galaxia, la Vía Láctea, tiene unos 100 000 años luz de diámetro.

1162 Las estrellas no parpadean en realidad. Esa es solo una impresión que produce su luz al atravesar la atmósfera terrestre.

1163 El objeto más brillante del universo es un cuásar, que es 500 billones de veces más brillante que el sol.

1164 Las constelaciones (conjuntos de estrellas que forman un dibujo) salen por el este y se ponen por el oeste, como el sol.

1165 Las galaxias guisante verde son pequeñas galaxias en las que se forman nuevas estrellas a gran velocidad.

1166 Algunos de los elementos químicos que hay en tu cuerpo se crearon durante la explosión de una supernova.

1167 Las estrellas de hipervelocidad atraviesan el espacio a velocidades que pueden llegar a los 1,6 millones de km/h.

1168 **Casi todas las galaxias grandes, incluida la nuestra, tienen un agujero negro supermasivo en su centro.**

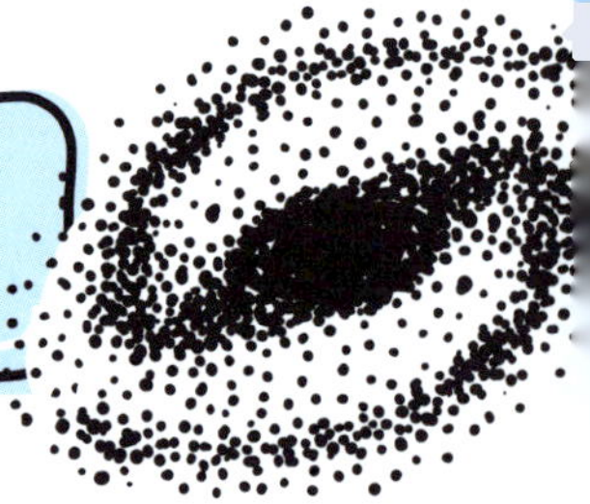

1169 La mayor galaxia que conocemos, Alcioneo, es 160 veces más ancha que la Vía Láctea.

1170

Nuestro sol es una estrella enana amarilla que se encuentra en mitad de su ciclo vital.

1171 Las galaxias enanas son galaxias pequeñitas que nada más que contienen, como mucho, unos pocos miles de millones de estrellas.

1172 Nuestro sol solo tiene una magnitud absoluta de 4,83; que es bastante tenue comparada con la de otras estrellas.

1173 A alguien que viajara a la velocidad de la luz, le costaría 25 000 años llegar al centro de la Vía Láctea.

1174 Las estrellas de neutrones giran a la mareante velocidad de 600 veces por segundo.

1175 Un proceso llamado fusión nuclear libera energía, que calienta las estrellas y les impide colapsar bajo la fuerza de la gravedad.

1176 Puede que haya hasta doscientos mil millones de galaxias en el universo.

1177 Las estrellas solitarias como nuestro sol son bastante raras. La mayoría están en pareja o en grupos.

1178 Todas las estrellas están hechas de gas muy caliente. Ese gas es principalmente hidrógeno y helio, que son los dos elementos más ligeros.

1179 La Vía Láctea y nuestra galaxia más próxima, Andrómeda, podrían colisionar dentro de unos 4 500 millones de años.

1180 Las estrellas zombi son estrellas que sobreviven a una supernova y regresan a la vida.

1181 El «lucero del alba», el «lucero de la mañana» y el «lucero de la tarde» son todos, en realidad, el planeta Venus.

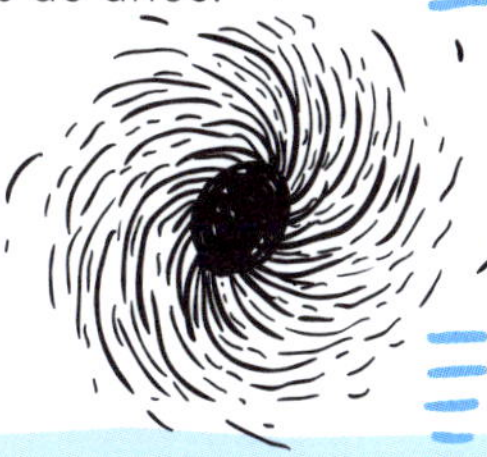

1182 La explosión de SN2016aps, la más brillante jamás vista, fue diez veces más brillante que una supernova mediana.

Los aztecas

1183 Comparada con la antigua civilización griega, la romana o la egipcia, la civilización azteca es bastante reciente: tuvo lugar en México y duró, aproximadamente, de 1325 a 1521.

1184 A los aztecas les gustaban los deportes de balón. En uno de esos deportes, el *ullamaliztli*, había que intentar pasar el balón a través de un aro de piedra. A veces, los jugadores del equipo perdedor eran sacrificados a los dioses.

1185 Se dice que el dios azteca Hutzilopochtli indicó a los aztecas que debían construir su capital cuando vieran un águila posada sobre un cactus y con una serpiente en el pico. Cuando los aztecas vieron aquella escena exacta en una isla, fundaron allí su capital, Tenochtitlán. La imagen del águila, la serpiente y el cactus se encuentra en la moderna bandera de México.

1186 La capital de México, llamada Ciudad de México, está construida sobre la vieja capital Tenochtitlán.

1187

A los aztecas les gustaba el chocolate. En especial disfrutaban con una bebida de chocolate amarga y especiada llamada *xocolatl*.

1188 También les gustaban las palomitas de maíz. ¡Empleaban la palabra «totopoca» para describir el sonido de muchos granos de maíz estallando al mismo tiempo!

1189 Los aztecas construían chinampas, o «jardines flotantes», en la superficie de las aguas poco profundas del lago Texcoco para obtener más tierra de cultivo.

1190 Los aztecas no se llamaban aztecas a sí mismos. El nombre que se daban era el de «mexica». Hay quien piensa que de ahí es de donde viene el moderno nombre del país.

1191 Los médicos aztecas usaban hierbas naturales para tratar muchas enfermedades diferentes. Y empleaban cabello humano para coser las heridas.

1192 Los aztecas creían que su dios del sol, Huitzilopochtli, necesitaba corazones humanos que le dieran la fuerza para elevarse cada mañana y luego atravesar el cielo.

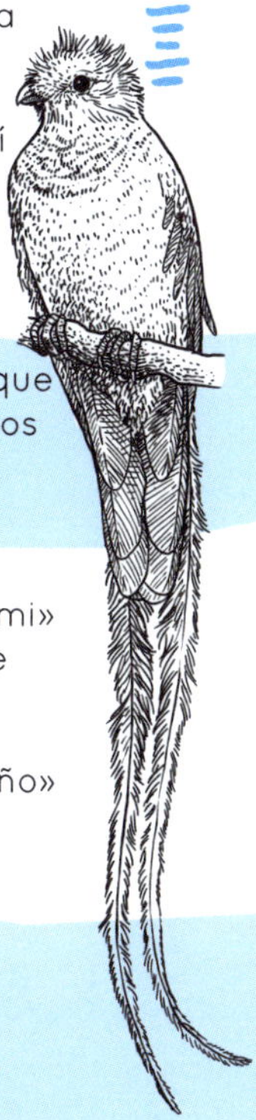

1193 Diferentes ciudades-estado aztecas luchaban entre sí en las «guerras floridas». En lugar de matarse unos a otros, intentaban capturar todos los prisioneros posibles para sacrificarlos luego a los dioses.

1194 Los aztecas consideraban sagrados a los quetzales, que son unas llamativas aves de México y Centroamérica. Su dios Quetzalcoatl es pintado a veces en forma de serpiente con plumas de quetzal.

1195 En el calendario anual azteca, había cinco «nemontemi» o «días inútiles». Todos pensaban que se trataba de días de mal agüero, en los que podía ocurrir una desgracia.

1196 Los aztecas usaban dos calendarios. El «conteo del año» tenía 365 días y el «conteo de los ritos» constaba de 260. Los dos calendarios coincidían cada 52 años.

1197 Las pirámides-templo que construían los aztecas representaban montañas. Las pirámides se usaban para venerar a los dioses, y para ofrecerles sacrificios humanos.

Simios y monos

1198 Los gritos del mono aullador pueden alcanzar los 140 decibelios: tanto como los fuegos artificiales.

1199 El uacarí calvo tiene pelo largo en todo el cuerpo, excepto en la cabeza.

1200 El nombre científico del gorila occidental de llanura es *Gorilla gorilla gorilla*.

1201 En 2007 se descubrió una especie completamente nueva de mono, el mono lesula.

1202 El macaco japonés lava su comida en el río antes de comérsela.

1203 Los monos son seres sociales, que establecen relaciones entre sí para ayudarse a sobrevivir, para jugar, para asearse y para acicalarse.

1204 El mono más pequeño es el tití pigmeo, que viene a pesar lo mismo que una manzana.

1205 Los chimpancés y los humanos compartimos aproximadamente el 99 % del ADN.

1206 ¡El mono sin nariz de China estornuda cuando llueve porque el agua le entra por su nariz vuelta hacia arriba!

1207 Los monos se acicalan unos a otros para hacerse amigos y para mantener lazos.

1208 El mono narigudo usa su larga y carnosa nariz para atraer a una compañera.

1209

Los chimpancés se ríen si se les hace cosquillas.

1210 ¡Los gorilas eructan cuando están contentos!

1211 A los monos capuchinos les gusta lavarse manos y pies en su propia orina.

1212 Los orangutanes duermen en nidos que se construyen en los árboles.

1213 Los colobos se cuentan entre los raros primates que no tienen pulgar. Al menos no parecen tenerlo, pues los huesos del pulgar son tan pequeños que da la impresión de que solo tienen cuatro dedos.

1214 El mayor de los monos, el mandril, tiene nariz roja y azul, ¡y un culo de colores brillantes!

1215 Algunas especies de monos pueden comprender números y hasta pueden contar.

1216 Estudios recientes han descubierto que los babuinos pueden producir cinco sonidos parecidos a nuestras vocales.

1217 La diferencia entre un mono y un simio es que los monos tienen cola y los simios no.

1218 Capaz de correr a 55 km/h el mono patas es el más rápido del mundo.

1219 Los monos de África, Asia y Europa son «monos del Viejo Mundo» y los de América son «monos del Nuevo Mundo».

1220 Mientras comen, los gorilas emiten una especie de tarareo para decir «no me molestes».

1221 El macaco cangrejero usa pelo como seda dental.

¿Qué hay para desayunar?

1222 Los cruasanes no se inventaron en Francia. Esos bollos en forma de luna creciente provienen de Austria, donde se los llamaba *kipferl*.

1223 Los colombianos disfrutan de una bebida de desayuno poco común: ponen un trozo de queso en el fondo de una taza y después preparan en ella un chocolate caliente.

1224 Si quieres saber si un huevo es fresco antes de cascarlo para hacerte un revuelto para el desayuno, mételo en un cuenco con agua. Si el huevo flota, es que es bastante viejo y podría estar estropeado. Si se hunde, es que es fresco.

1225 En 1909, los copos de maíz fueron los primeros cereales que incluyeron un premio: cada caja de copos contenía un librito llamado «Divertidos dibujos animados de la selva».

1226

El café de civeta es un café muy especial. Se hace con granos de café que han pasado por las tripas de una civeta de las palmeras, que es un mamífero de Asia. ¡Los granos del café se recogen entre las heces de la civeta, se limpian, y a continuación se convierten en una sabrosa bebida!

1227 El desayuno tradicional escocés incluye el *haggis*. El *haggis* se hace con corazón, hígado y pulmones de oveja, todo bien cortado y mezclado con cebolla y pimiento, y embutido en el estómago de la oveja (o en un sucedáneo artificial).

1228 No hay nada mejor que un cuenco calentito de *porridge* (gachas) en una mañana de invierno. Normalmente se hace con avena, pero el famoso cocinero Heston Blumenthal ¡se prepara su *porridge* con caracoles!

1229 Los panqueques evolucionaron de un plato creado por los antiguos romanos. Se llamaba «alia dulcia», que en latín significa «otros dulces», y se hacía con harina, huevos, leche y especias.

1230 Originalmente, la mermelada de naranja no se hacía con naranja, sino con membrillo, un fruto semejante a una manzana, pero duro e incomestible en crudo.

1231 Los arenques ahumados tuvieron mucho éxito como desayuno en el Reino Unido durante la era victoriana. ¡Hasta la familia real los consideraba una exquisitez!

1232 Ferrero, la empresa que fabrica la crema Nutella, compra casi un cuarto de todas las avellanas del mundo.

1233 Muchos cereales contienen vitaminas y minerales. Uno de esos minerales es el hierro. De hecho, algunos cereales contienen tanto hierro... ¡que son un poco magnéticos!

1234 Las torrijas se llamaban antiguamente «tortas de parida», y se daban a las mujeres que iban a ser madres o acababan de serlo. Actualmente en España se toman sobre todo en Semana Santa.

1235 El *congee* es una especie de gachas de arroz que se come en China. A veces se sirve con «huevo centenario», un huevo que se ha macerado en té negro, lima, sal y ceniza por un tiempo que puede llegar a los cinco meses.

1236 **En los Países Bajos hay mucha afición a comer *hagelslag* (una especie de confeti con sabor a chocolate) sobre su tostada del desayuno o sobre un pan a cualquier hora del día.**

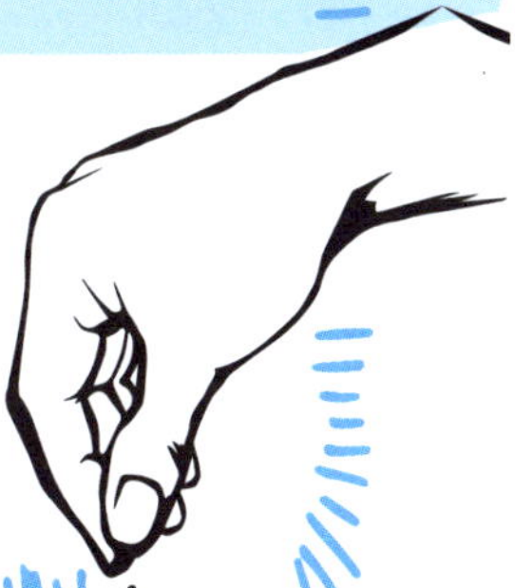

Química

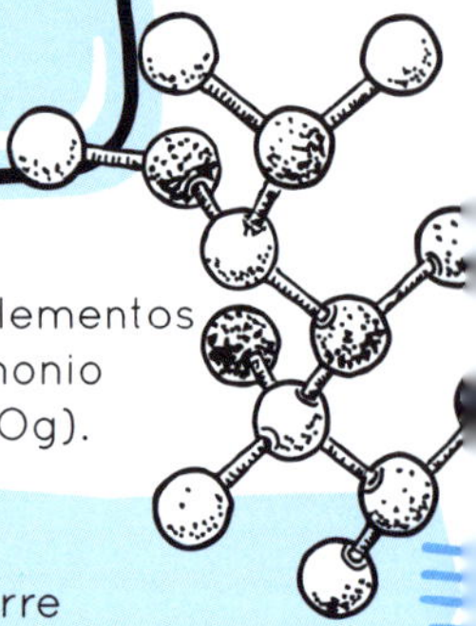

1237 En 2016 se dio nombre a cuatro nuevos elementos químicos y se añadieron a la tabla periódica: nihonio (Nh), moscovio (Mc), tenesino (Ts) y oganesón (Og).

1238 El hierro se dilata cuando se calienta, de manera que las estructuras de metal como la Torre Eiffel «crecen» en verano.

1239

El agua es más densa en estado líquido que sólido, y por eso flotan los icebergs.

1240 Krypton es el planeta del que es originario Supermán, pero el criptón es un elemento químico real, un raro gas sin sabor, olor ni color.

1241 En química, el plasma es un estado de la materia que se encuentra en cosas como las estrellas y los rayos.

1242 El punto que aparece al final de esta frase tiene una anchura de unos 20 millones de átomos.

1243 ¡Se puede comer oro! Llevamos cientos de años empleando oro auténtico para decorar la comida.

1244 En Japón, el envenenamiento por cadmio se llama itai-itai, que significa «¡ay, ay!».

1245 Las partículas conocidas como cuarks vienen en distintos «sabores»: *up* (arriba), *down* (abajo), *strange* (extraño), *charm* (encanto), *bottom* (fondo) y *top* (cima).

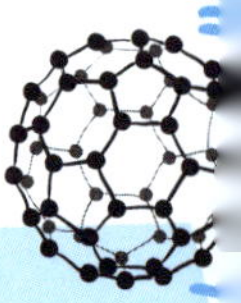

1246 Las moléculas *buckybola* consisten en 60 átomos de carbono organizados en hexágonos y pentágonos para crear una especie de balón de fútbol.

1247 El azufre es amarillo en estado sólido, rojo en estado líquido, y al quemarse da una llama azul.

1248 El agua puede encontrarse al mismo tiempo en estado sólido, líquido y gaseoso, en lo que se llama «el punto triple del agua».

1249 Se puede hacer cristal calentando arena a altísimas temperaturas.

1250 El mercurio es el único metal que se encuentra líquido a la temperatura ambiente.

1251 Se puede acelerar una reacción química añadiendo energía, por ejemplo calor, luz solar o electricidad.

1252 El bismuto es un metal diamagnético: en lugar de atraer materiales magnéticos, los repele.

1253 En los océanos de nuestro planeta hay disueltos unos 20 millones de toneladas de oro.

1254 El fuego no es realmente «una cosa». Es simplemente lo que vemos cuando ocurre la reacción química causada por un combustible combinado con el oxígeno.

1255 El gas helio se llama así por el antiguo dios griego del sol: Helios.

1256 El carbono reacciona con otros elementos para crear más de 10 millones de compuestos diferentes.

1257 El oro se puede estirar en largos hilos tan delgados que se puede ver a través de ellos, de manera que parecen casi invisibles.

1258 El olor de la lluvia es causado en parte por una sustancia química llamada geosmina, producida por una bacteria del suelo.

1259 Los plátanos contienen potasio 40, lo que quiere decir que son un poquitín radiactivos.

1260 Algunos científicos calculan que solo existe en toda la Tierra un gramo del elemento astato.

Deportes sobre ruedas

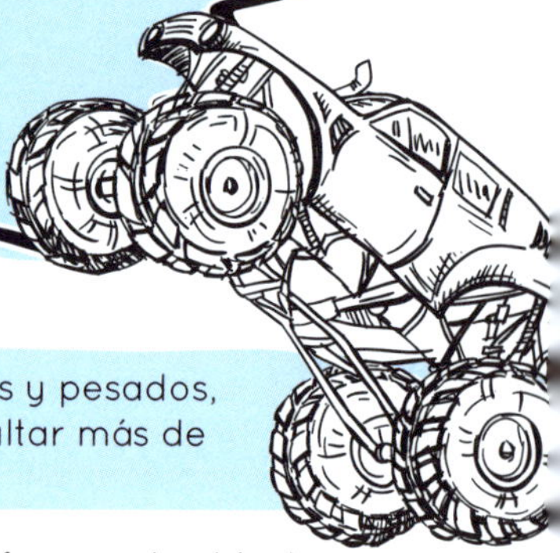

1261 Pese a ser unos vehículos grandes y pesados, algunos camiones monstruo pueden saltar más de diez metros. ¡La altura de una casa!

1262 El récord de velocidad en tierra (o sea, el vehículo más rápido) se estableció en 1997 por un coche diseñado especialmente para ello llamado Thrust SSC. Alcanzó los 1 228 km/h. Es el único vehículo terrestre que ha roto la barrera del sonido.

1263 Las carreras de cortacésped se inventaron a modo de deporte sobre ruedas barato. Los conductores quitan las cuchillas del cortacésped y dan vueltas por una pista.

1264 El Tour de Francia es la carrera ciclista más famosa del mundo. Se celebró por primera vez en 1903. ¡El ganador, Maurice Garin, usó el dinero del premio para comprarse una gasolinera!

1265 El Martinsville Speedway es un circuito de carreras en Estados Unidos con una tradición curiosa: el ganador de la carrera llamada NASCAR recibe, a modo de trofeo, un reloj de pared.

1266 Las carreras de sillas de ruedas se disputan en una pista de atletismo y en carretera. Las sillas de ruedas tienen dos grandes ruedas en la parte de atrás y otra más pequeña que sale del frente.

1267 Un coche de Fórmula 1 consta de al menos 14 500 piezas distintas. Su volante tiene como mínimo 20 botones.

1268 ¡El ciclobol es un deporte poco común! Los dos equipos tratan de meter un pequeño balón en la portería contraria, usando las ruedas de la bici.

1269 El monopatinaje es un deporte bastante reciente. El monopatín se inventó en los años 50, cuando alguien le puso ruedas de patín a una tabla de madera. ¡Lo llamaron «surfeo de acera»!

1270 En las carreras de Fórmula 1, los coches pueden hacer paradas técnicas para cambiar las ruedas. ¡Los equipos expertos son capaces de hacerlo y el coche puede volver a correr por la pista en unos dos segundos!

1271 En Francia hay una famosa carrera conocida como las 24 horas de Le Mans. ¡El ganador es sencillamente el coche que cubre mayor distancia en 24 horas!

1272

Las 24 horas de LeMons (limones) es una versión accesible de las 24 horas de Le Mans. Los pilotos conducen coches baratos y divertidos durante 24 horas.

1273 La velocidad máxima que ha logrado alguien en una bicicleta la alcanzó Denise Mueller-Korenek en 2018. ¡Consiguió 296 km/h!

1274 Ninguna carrera de motor ha formado parte de las Olimpiadas. Eso es porque dependen mucho del equipo mecánico, más que del propio deportista.

1275 Los coches de la NASCAR no tienen faros. Las pistas de carreras siempre están iluminadas, así que las luces no harían más que añadir peso. ¡En su lugar, llevan unas pegatinas que imitan los faros!

1276 ¡Las carreras monociclistas existen! Los competidores corren sobre una sola rueda lo más aprisa que pueden a lo largo de una pista todo terreno con obstáculos.

Películas

1277 La primera película que recaudó más de 100 millones de dólares fue *Tiburón*, en 1975. Se la considera el primer exitazo veraniego.

1278 El logo de la Warner Bros que aparece al comienzo de las películas de Harry Potter se va volviendo más oscuro en cada nueva película.

1279 ¡La cara de Yoda se basó, en parte, en la cara del famoso físico Albert Einstein!

1280 Las primeras salas de cine se abrieron a comienzos del siglo xx. Antes de eso, las películas se exhibían en salones públicos, teatros y ferias de atracciones.

1281 Las primeras películas no tenían sonido. A veces un pianista tocaba al ritmo de la película.

1282 Cuando aparecieron las primeras películas sonoras, como *El cantor de jazz*, muchos productores y realizadores las recibieron con desconfianza.

1283 Walt Disney tiene el récord de más nominaciones a los Óscar, con 59.

1284 El rugido del tiranosaurio rex en *Parque jurásico* se hizo mezclando la voz de un bebé elefante, un ligre (cruce de león y tigresa) y un caimán.

1285 «Vader» quiere decir padre en holandés. Por tanto, el nombre de Darth (oscuro) Vader nos da una pista sobre su identidad.

1286 Si un director decide que no quiere que aparezca su nombre en una película, a menudo en los créditos se lee «Alan Smithee».

1287 Los buitres cantores de *El libro de la selva* se inspiraron en Los Beatles, un famoso grupo de Liverpool, en Reino Unido.

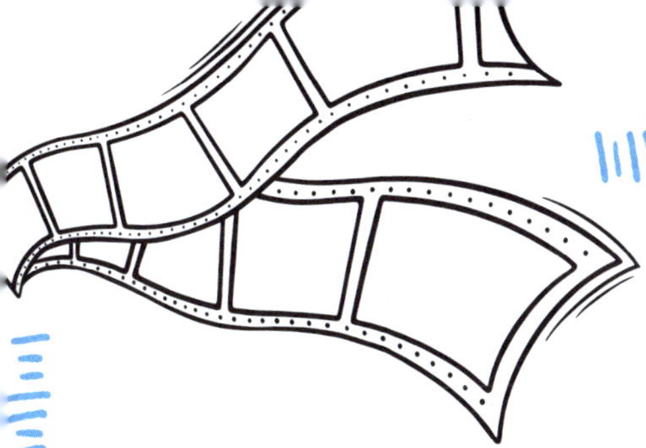

1288 El primer largometraje de dibujos animados producido por Walt Disney fue *Blancanieves y los siete enanitos*, en 1937.

1289 George Lucas se inspiró para su personaje Chewbacca en Indiana, su peludo malamute de Alaska.

1290 Cada fotograma de una película de dibujos animados tenía que ser dibujado a mano. ¡A veces había que hacer más de un millón de dibujos!

1291 *Los cazafantasmas* empezó llamándose *Ghost Smashers* (triturafantasmas).

1292 En los dibujos originales, Hulk era gris, ¡pero un error de imprenta lo convirtió en verde!

1293 Las orejas de Mickey Mouse siempre miran de frente, da igual en qué dirección mire él.

1294 La película más larga jamás rodada es *Logistics*. ¡Dura más de 35 días!

1295 El chico que hizo el papel de Charlie Bucket en *Un mundo de fantasía* (la versión original de *Charlie y la fábrica de chocolate*) nunca volvió a actuar en otra película. Se convirtió en veterinario cuando se hizo mayor.

1296 Bella es la única princesa de Walt Disney que tiene ojos castaños.

1297 La primera película con efectos tridimensionales se hizo hace más de cien años, en 1922.

1298 El nombre real de Tom Cruise es Thomas Cruise Mapother IV.

1299 La película que en total ha recaudado más dinero en la historia es *Lo que el viento se llevó*. Se calcula que, ajustado a la inflación, ha recaudado en total 4 500 millones de dólares.

1300

Los *minions* de *Gru: mi villano favorito* hablan en una mezcla de idioma real e inventado.

La Estación Espacial Internacional

1301 La Estación Espacial Internacional (EEI) da vueltas a la Tierra a una velocidad de 27 580 km/h, y a una altura de unos 400 kilómetros por encima de nosotros.

1302 Es el tercer objeto más brillante en el cielo, después del sol y la luna. Pero no porque tenga su propia luz: brilla porque refleja la luz del sol.

1303 La construcción de la estación espacial empezó en 1998, y desde que se completó oficialmente se le han añadido varias partes más. El módulo más reciente se añadió en 2021.

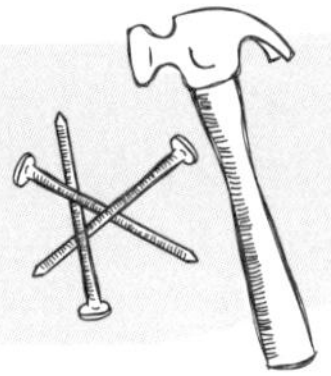

1304 La estación espacial tiene 109 metros de un extremo al otro. Eso es casi la misma longitud que un campo de fútbol americano.

1305 Desde noviembre del 2000, siempre ha habido astronautas viviendo y trabajando en la Estación Espacial Internacional, normalmente siete cada vez.

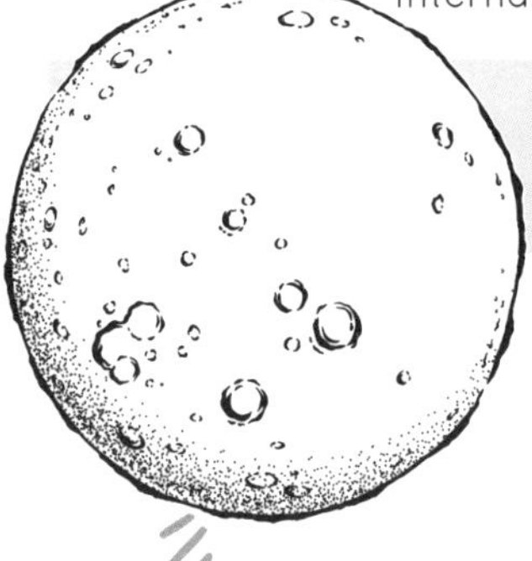

1306 La distancia que recorre la EEI en veinticuatro horas es la misma que la de viajar a la Luna y volver.

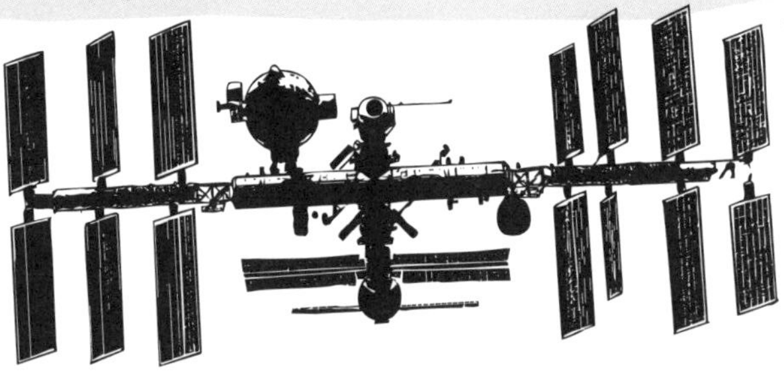

1307 Se pueden conectar ocho naves espaciales a la EEI al mismo tiempo.

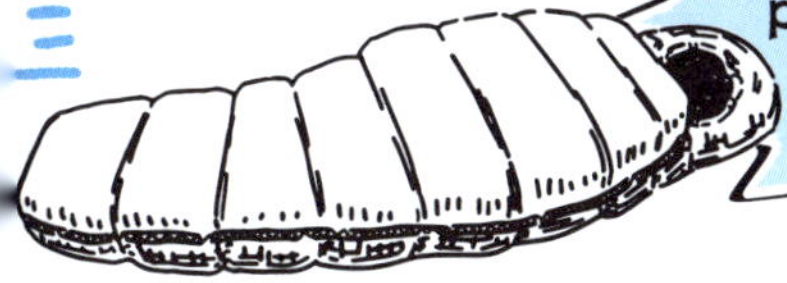

1308

Dentro de la estación espacial, hay cabinas con literas en las que los astronautas que están a bordo pueden dormir. Tienen que atar el saco de dormir a la pared para evitar que salgan flotando.

1309 Los cosmonautas rusos Oleg Kononenko y Nikolai Chub tienen el récord de mayor permanencia en la EEI: pasaron algo más de un año (374 días) en 2023-2024.

1310 Una nave espacial solo tarda cuatro horas en llegar de la Tierra a la EEI.

1311 La EEI es el objeto más caro que ha construido nunca el ser humano. Hasta ahora ha costado más de 115 000 millones de euros, pero el coste seguirá aumentando mientras opere la estación espacial.

1312 A bordo de la EEI hay un gimnasio en el que los astronautas tienen que pasar al menos dos horas al día haciendo ejercicio para evitar que se debiliten sus músculos a causa del entorno de microgravedad.

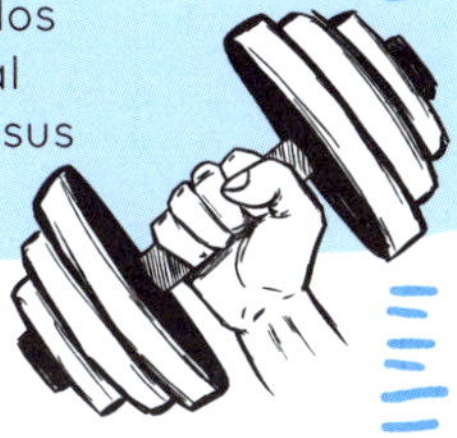

1313 En la EEI hay más de cincuenta ordenadores para controlar todos los complicados sistemas que mantienen todo funcionando en el espacio.

1314 Los científicos han «cultivado» carne en la EEI, usando células de animales y una bioimpresora 3D para crear el tejido muscular.

1315 En la EEI opera una asociación de cinco agencias espaciales de 15 países diferentes.

Animales domésticos

1316 En Suiza no está permitido tener solo una cobaya, para impedir que se sienta sola. Tienes que tener al menos dos.

1317 Los caballos no sienten náuseas porque su sistema digestivo no les permite vomitar.

1318 Si guardas una carpa dorada en la oscuridad, al final se volverá blanca. ¡No intentes hacerlo en casa!

1319 El famoso poeta Lord Byron tenía un oso de mascota cuando estaba en la universidad.

1320 Las cabras tienen pupilas rectangulares, que les proporcionan un campo de visión más ancho.

1321 El gato más viejo del mundo, Creme Puff, vivió nada menos que 38 años y 3 días.

1322 Los patos pueden dormir con un ojo abierto, para detectar cualquier peligro.

1323 Los corderos juegan en grupo con otros corderos.

1324 Se ha entrenado a caballos miniatura igual que si fueran perros para guiar a personas ciegas.

1325 **Los conejos se comen sus propias caquitas.**

1326 Cuando están contentos, los conejos dan saltos y giran en el aire.

1327 Cuando pasta en un prado un rebaño de vacas, todas suelen mirar en la misma dirección.

1328 La palabra «caniche» viene del francés y significa etimológicamente «perro pato».

1329 **Las tortugas absorben oxígeno a través de la cloaca, la misma parte del trasero por la que sale la caca.**

1330 Las vibraciones del ronroneo del gato ayudan a mantener sus huesos fuertes y sanos.

1331 En Hawái están prohibidos los hámsteres.

1332 Tres perros pequeños sobrevivieron al hundimiento del *Titanic*.

1333 Los pollos pueden recordar y reconocer unas cien caras humanas diferentes.

1334 Los dientes de los hámsteres nunca paran de crecer.

1335 Las tortugas se comunican entre ellas incluso antes de nacer, cuando aún están dentro del huevo.

1336 Las mulas son hijas de un burro macho y una yegua.

1337 Las llamas pueden escupir a una distancia de diez metros.

1338 Los jerbos pueden saltar hacia arriba, pero también hacia delante, hacia atrás y de lado.

1339 La forma de la nariz de cada perro es única, algo así como una huella dactilar.

1340 Las vacas establecen amistades muy especiales entre ellas. ¡Y también pueden mosquearse!

¡A la batalla!

1341 Alejandro Magno fue un jefe militar que formó un gran imperio. Durante los quince años que luchó y conquistó otras tierras, no perdió ni una sola batalla.

1342 La guerra de los Cien Años, una guerra entre Inglaterra y Francia que se desarrolló en los siglos XIV y XV, ¡duró en realidad 116 años!

1343 Se llama «Blitz» al periodo de la Segunda Guerra Mundial en que los aviones alemanes bombardearon las ciudades británicas. Viene del término alemán *blitzkrieg*, que significa «guerra relámpago».

1344 ¡El general francés Napoleón Bonaparte fue atacado en una ocasión por un ejército de conejos! Napoleón había salido a cazar conejos, pero los conejos se volvieron contra él.

1345 La guerra más corta de la historia, la guerra anglo-zanzibariana, tuvo lugar en 1896. ¡Duró 38 minutos!

1346 **En la guerra de Troya, los soldados griegos se escondieron dentro de un caballo de madera gigante. Les entregaron el caballo a los troyanos a modo de regalo. Los troyanos mordieron el anzuelo y dejaron entrar en la ciudad el caballo lleno de griegos.**

1347 Las colmenas de abejas y los avisperos se han utilizado como armas a lo largo de la historia. En sitios y batallas navales, los avisperos y las colmenas llenos de insectos furiosos se han lanzado al enemigo mediante catapultas.

1348 La guerra de Corea, entre Corea del Sur y Corea del Norte, empezó en 1950. Aunque los combates terminaron en 1953, la guerra no ha terminado oficialmente, pues nunca se ha firmado un tratado de paz.

1349 Más de 65 millones de personas murieron en la Segunda Guerra Mundial, aproximadamente el 2,5 % de la población mundial en aquel momento.

1350 En la guerra del Emú de 1932, los soldados australianos intentaron reducir el número de esas grandes aves no voladoras. ¡Los emús ganaron la guerra!

1351 Antiguos soldados griegos como los espartanos juntaban los escudos para formar con ellos un muro casi irrompible. Esta formación se llamaba «falange».

1352 Durante la Segunda Guerra Mundial, los británicos y los estadounidenses usaron tanques de pega para engañar a la aviación enemiga. Algunos de esos tanques eran de madera. Otros eran inflables.

1353 La guerra del Cubo Robado se libró entre dos ciudades italianas, Bolonia y Módena, en 1325. Según la leyenda, la guerra empezó cuando unos soldados de Módena robaron el cubo de un pozo.

1354 La batalla de Hastings no ocurrió en Hastings. Sucedió en un campo a once kilómetros de distancia, en un lugar apropiadamente llamado Battle (batalla).

1355 Algunos países decidieron permanecer neutrales en la Segunda Guerra Mundial (no se unieron a ningún bando). Entre estos países estuvieron España, Suecia y Suiza.

Deportes en el agua

1356 Algunos buceadores a pulmón son capaces de contener la respiración más de diez minutos.

1357 Los nadadores sudan cuando compiten ¡exactamente igual que otros deportistas!

1358 En surf, «saltar la ola» significa meterse en una ola que ya está navegando otro.

1359 La regata anual entre la Universidad de Oxford y la Universidad de Cambridge ha tenido lugar desde 1829. La primera regata femenina tuvo lugar en 1927.

1360 El esquí descalzo es exactamente lo que te puedes imaginar: esquiar en el agua, pero sin esquís de agua.

1361 El esnórquel en pantano consiste en avanzar en estilo perrito por un canal de agua pantanosa provisto de aletas y esnórquel.

1362 En el Reino Unido, unos 17 millones de personas practican alguna forma de deporte acuático.

1363 En el waterpolo, el árbitro tiene que ir de blanco para que puedan verlo los jugadores.

1364 El *hockey* subacuático se llama también *octopush*.

1365 La regata alrededor del mundo tarda unos once meses en completarse.

1366

Las gafas de natación se inventaron en el siglo XIV. Las usaban los buscadores de perlas.

1367 **En el piragüismo sobre calabaza gigante, los competidores celebran carreras acuáticas remando dentro de una calabaza vaciada.**

1368 El tiro al blanco submarino consiste en disparar con fusil de pesca submarina contra un blanco situado en la pared de una piscina. También se puede jugar en aguas abiertas.

1369 Algunos estudios han descubierto que los nadadores que se depilan todo su cuerpo pueden aumentar la velocidad hasta un 2%.

1370 Las primeras escafandras eran unos trastos de metal enormes con una portilla para mirar.

1371 En el ajedrez subacuático, los jugadores tienen que contener el aliento mientras piensan y mueven las piezas.

1372 Todos los años en el Reino Unido se celebra el Campeonato Mundial de «Poohsticks», juego que consiste en tirar palos al río por un lado de un puente y ver cuál sale primero por el otro lado.

1373 El fútbol en pantano se originó en Finlandia como entrenamiento para atletas y soldados.

1374 Nadar en agua fría puede mejorar la circulación sanguínea y reforzar el sistema inmune.

1375 En waterpolo, tocar el fondo de la piscina está prohibido. Los participantes tienen que impulsarse solo en el agua.

1376 El *logrolling* consiste en dos personas de pie sobre un tronco, y este flotando en el agua. Cada jugador tiene que mantener el equilibrio mientras intenta que lo pierda el otro.

1377 En el deporte extremo del salto de acantilado, los «clavadistas» saltan desde una altura de 27 metros.

1378 El *snuba* es una mezcla de submarinismo y esnórquel, que emplea un tubo extralargo.

1379 El surfista que más tiempo aguantó navegando una sola ola lo hizo durante 3 horas y 55 minutos.

Luz y color

1380

La luz del sol parece blanca, pero en realidad está compuesta de todos los colores del arco iris: el rojo, el naranja, el amarillo, el verde, el azul, el índigo y el violeta.

1381 El trueno es el ruido producido por un rayo. Oímos el trueno después de ver el rayo porque la luz viaja mucho más rápido que el sonido.

1382 Como asociamos el rojo con el peligro, este color puede hacer que el corazón te lata más rápido e incremente tu tiempo de reacción.

1383 Las sombras se producen cuando la luz del sol da en un objeto opaco. Una sombra siempre toma la misma forma que el objeto, pero podría estrecharse o alargarse dependiendo del ángulo de la luz.

1384 Cada color tiene una longitud de honda diferente. El violeta tiene la longitud de honda más corta y el rojo la más larga.

1385 El color magenta no existe realmente. Lo inventa el cerebro cuando los ojos mezclan el rojo puro y el azul puro.

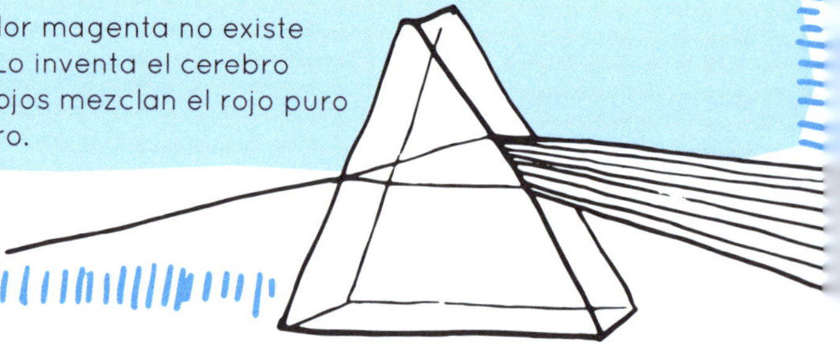

1386 **El *vantablack* es un tipo de negro tan oscuro que lo único que vemos en él es un espacio vacío. Eso sucede porque absorbe hasta el 99,96% de la luz visible.**

1387 En el universo hay más fotones (partículas de luz) que cualquier otro tipo de partículas. Están continuamente creándose y destruyéndose. Por ejemplo, cuando las absorben los ojos.

1388 Aunque el sol está a casi 150 millones de kilómetros de la Tierra, a la luz del sol solo le cuesta 8 minutos y 20 segundos llegar hasta nuestro planeta.

1389 Cuando Isaac Newton escindió por primera vez la luz blanca, solo distinguió cinco colores. Después añadió otros dos para igualar las siete notas de la escala musical.

1390 Los antiguos griegos no tenían una palabra para el azul. Describían el cielo como «bronce» porque era brillante.

1391 La mayoría de las personas tienen tres conos (células receptoras del color) en los ojos, para ver la luz roja, la verde y la azul. Los tetracrómatas son personas con un cuarto cono, que les sirve ver cuatro colores principales (el cuarto color es el naranja o el amarillo verdoso).

1392 La plata es el metal más reflejante de nuestro planeta. Rebota alrededor del 95 % de toda la luz que incide en ella. Por eso se usa para recubrir los espejos.

1393 El cuerpo humano emite una forma de luz invisible llamada radiación infrarroja. Es una forma de energía calórica, que se puede ver como diferentes colores a través de una cámara de imagen térmica especial.

1394 Algunos animales, como las luciérnagas y los que viven en lo profundo del océano, crean su propia luz. Ese proceso se llama bioluminiscencia, y se produce por una reacción química.

¡A hornear!

1395 Las galletas se inventaron a partir de las pequeñas porciones planas que los panaderos usaban para comprobar la temperatura del horno.

1396 Para conseguir esa textura esponjosa y esa costra dorada, los *bagels* se cuecen antes de hornearlos.

1397 Una diferencia clave entre una torta y una galleta es que las tortas se endurecen con el paso de los días, y las galletas se ablandan.

1398 Los antiguos egipcios usaban miel para endulzar la repostería.

1399 Antiguamente el baño o glaseado de los pasteles se daba con una pluma.

1400 La tarta más alta del mundo tenía 33 metros de altura y fue preparada por la Escuela Culinaria Hakasima-Nilasari en Indonesia.

1401 El bizcocho «cuatro cuartos» (también llamado «balanceado» o «*pound cake*», dependiendo del lugar) lleva el mismo peso de cada uno de los ingredientes.

1402 El Gran Incendio de Londres de 1666 empezó en una panadería.

1403 Una miga de pan amasada en una bolita puede funcionar como goma de borrar.

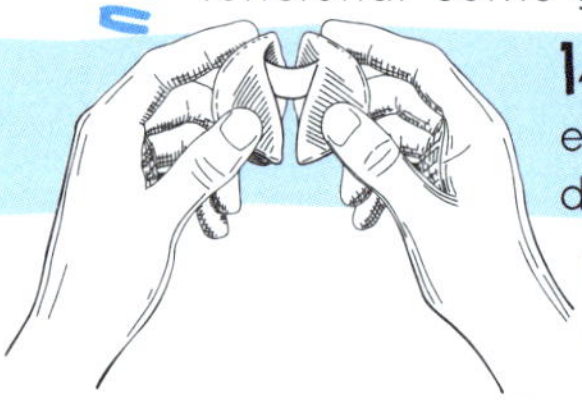

1404 En las galletitas de la suerte, el papel con el pensamiento o la profecía se introduce después de horneada la galleta.

1405 La tarta de cumpleaños es posible que se hiciera ya en la época romana.

1406 **En el bollo preñado, el trozo de chorizo se introduce en la masa antes de meterla en el horno.**

1407 El pan más antiguo que se ha encontrado tiene 14 000 años.

1408 Originalmente, los dónuts no tenían agujero. Eran una simple bola de masa.

1409 La baja presión del aire que se da a grandes alturas puede complicar el horneado, pues puede hacer que la masa se eleve muy rápido, y después se hunda.

1410

La reina Isabel I de Inglaterra mandaba a sus cocineros que le hicieran monigotes de jengibre con el aspecto de sus invitados.

1411 ¡Un *brownie* hecho sin cacao se llama *blondie*!

1412 Los agujeros de las galletas dejan escapar el vapor durante la cocción en el horno, impidiendo que se hagan burbujas y asegurando que las galletas queden planas y crujientes.

1413 En la Edad Media, la gente usaba trozos de pan duro, llamado «tajadero», como platos.

1414 La palabra «bizcocho» viene de las palabras latinas «bis» (dos), y «coctus» (cocido), lo cual viene a significar: «dos veces cocido».

1415 El fermento empleado en el pan de masa madre está vivo: consiste en levadura y bacterias.

1416 ¡En los tiempos antiguos, la tarta de boda era un pan que se rompía encima de la cabeza de la novia!

1417 La expresión «a falta de pan, buenas son tortas» significa que hay que conformarse con lo que hay.

1418 Cuanto más se mastica un trozo de pan, más dulce resulta.

1419 Las galletas digestivas las inventaron en 1839 dos médicos escoceses para dárselas a personas con problemas de digestión.

Los vikingos

1420 ¡No está nada claro que los cascos vikingos tuvieran cuernos! Solo se ha encontrado un casco vikingo de verdad, y no los tenía.

1421 Fenrir Greyback, el hombre lobo de los libros de *Harry Potter*, recibe su nombre de Fenrir, un lobo gigante aterrador de la mitología vikinga que era el hijo del dios Loki.

1422 En algunos enterramientos vikingos, los arqueólogos han encontrado unas cucharas diminutas, demasiado pequeñas para comer con ellas. ¡Se piensa que podrían servir para sacarse la cera de los oídos!

1423 Los vikingos eran buenos artesanos. Hacían hermosas tallas de madera y también obras en metal.

1424 La palabra «berserk» (furioso, en inglés) viene de los «berserkers», que eran unos guerreros vikingos temibles. Eran famosos por vestirse con la piel de osos o lobos y aullar como locos durante la batalla.

1425 En el año 930, los vikingos establecieron el primer parlamento, conocido como el Althing.

1426

En inglés, cuatro días de la semana reciben el nombre de dioses vikingos: Tuesday, Wednesday, Thursday y Friday. Por ejemplo, Wednesday viene del jefe de los dioses, Woden. Thursday viene de Thor, el dios del trueno.

1427 Groenlandia fue descubierta por un famoso explorador vikingo llamado Erik el Rojo, tras ser desterrado de su hogar en Islandia. La llamó Groenlandia (que significa «tierra verde») porque pensaba que un nombre tan bonito invitaría a la gente a irse a vivir allí.

1428 Unos quinientos años antes de que Cristóbal Colón descubriera el continente americano, los vikingos ya habían visitado las costas de Norteamérica: hacia el año 1000 pusieron los pies en lo que ahora es Canadá.

1429 En noruego antiguo, la palabra «vikingo» significa «ataque pirata».

1430 A los vikingos les gustaba el comercio. En sus viajes, compraban cosas como sedas, especias, joyas, cristal y cerámica para llevarse a su tierra, y vendían otras como miel, hojalata, trigo, lana, madera, hierro, pieles, pescado y cuero.

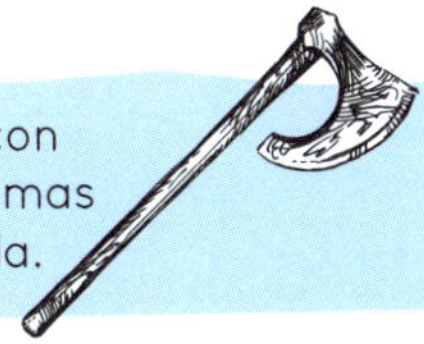

1431 Casi todos los vikingos tenían un hacha con la que luchar, pero solo los ricos tenían otras armas como espadas y una armadura de cota de malla.

1432 Parece que los vikingos se preocupaban mucho por su imagen personal. ¡Algunos eran enterrados con pertenencias personales como peines, pinzas y tijeras para recortarse la barba!

1433 Para encender fuego con facilidad, los vikingos inventaron una especie de fieltro inflamable. Hacían el material a partir de un hongo que se encontraba en la corteza de los árboles, que hervían en orina y después golpeaban hasta convertirlo en algo similar al fieltro.

1434 Los barcos vikingos son llamados «barcos largos» o «drakkar», que significa «dragón», debido a que los vikingos solían tallar mascarones de aspecto aterrador que colocaban en la proa del barco.

Festividades

1435 En las islas británicas, los faroles de Halloween se tallaban originalmente en nabos, no en calabazas.

1436 El día de San Patricio, la torre Eiffel, las pirámides de Guiza y otros edificios se suelen iluminar con luces verdes.

1437 En Suecia, para celebrar el primer día de verano, la gente baila alrededor de un poste como si fueran ranas.

1438 La mayoría de los árboles de Navidad tienen entre 10 y 12 años.

1439 La fiesta del fuego escocesa llamada Up Helly Aa termina con la quema de una réplica de un *drakkar* vikingo.

1440 En Oaxaca, México, cada 23 de diciembre se celebra la Noche de Rábanos. La gente se congrega para tallar figuras hechas con rábanos y divertirse.

1441 Durante la fiesta de Holi, en la India, la gente arroja agua y tintes de colores.

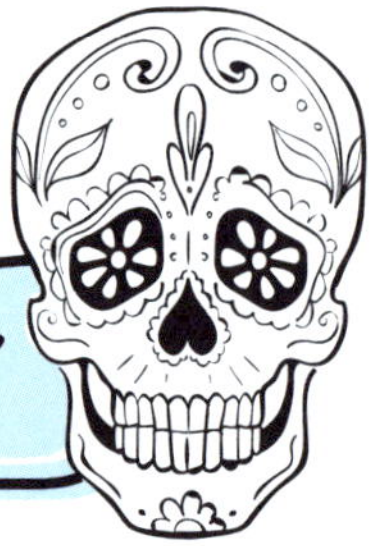

1442 **En México, el día de los muertos, la gente hace picnic en los cementerios.**

1443 Florida, en Estados Unidos, celebra todos los años un festival de música... ¡bajo el agua!

1444 El Festival de Esculturas de Hielo y Nieve de Harbin, en China, ocupa un espacio más grande que Disneyland.

1445 La Feria de Púshkar es una fiesta dedicada al camello. Estos animales del desierto son engalanados con joyas y vestidos.

1446 El carnaval de Río de Janeiro convoca, cada día, más de dos millones de personas.

1447 En la Fiesta de la Comida Fea, en Islandia, puedes disfrutar de cosas tales como el pastel de hígado o la cabeza de oveja hervida.

1448 En la Carrera de la Tortita de Olney, en el condado de Buckingham, que se celebra todos los años el día de la Tortita, las mujeres de más de 18 años corren mientras van dando vuelta a la tortita que llevan en una sartén.

1449 «Cumpleaños feliz» es la canción más famosa en los países de habla inglesa, y probablemente en todo el mundo.

1450 En el Año Nuevo Chino, la gente no corta los tallarines, porque representan una larga vida.

1451 En Alemania y los países de habla inglesa, en Pascua, los niños reciben la visita del Conejo de Pascua. Pero en Australia su lugar lo ocupa un bilbi.

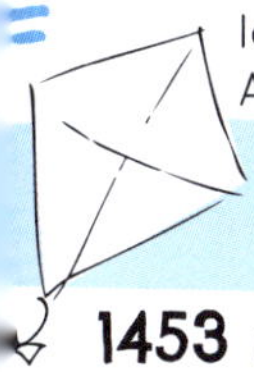

1452 El Lunes Limpio, en Grecia, la gente celebra el comienzo de la Cuaresma volando cometas.

1453 En Francia, el primero de abril, que es el Día de las bromas, los niños se pegan entre sí peces de papel en la espalda.

1454

La Tomatina, en Buñol, es una enorme lucha callejera de tomates.

1455 En Dinamarca, si el día que cumples 25 años estás soltero, ¡tus amigos te cubrirán de canela!

1456 La marmota del Día de la Marmota, que anuncia si llega ya la primavera, se llama Punxsutawney Phil.

1457 Durante el *Mardi Gras* en Nueva Orleans, la gente intenta atrapar cuentas de colores que les arrojan desde las carrozas del desfile.

1458 En Tailandia, durante la Fiesta Anual de los Monos, se prepara un gran banquete para los monos locales.

1459 Durante la Janucá, los judíos tradicionalmente juegan con un *dreidel*, un trompo de cuatro caras.

¡Corre, corre!

1460 En las Olimpiadas de 1908 la longitud de la maratón cambió a los actuales 42 195 metros, para que la carrera pudiera terminar exactamente delante de la tribuna real.

1461 A menudo, oficiosamente, se considera «el mayor atleta del mundo» al ganador del moderno decatlón. Esta es una prueba combinada que comprende diez pruebas de carreras, saltos y lanzamientos.

1462 El corredor de maratón más viejo del mundo tenía 101 años. Fauja Singh corrió la maratón de Londres en 7 horas y 49 minutos.

1463 El *fartlek* es un sistema de entrenamiento para corredores. Consiste en mantenerse constantemente en movimiento, aunque el que entrena cambia entre correr muy rápido y trotar muy despacio.

1464 En 2004, Rory Coleman corrió 43 ultramaratones en 43 días.

1465

La maratón que se celebra a mayor altitud de todo el mundo es la Maratón Everest. La línea de salida de la carrera se encuentra a 5 364 metros sobre el nivel del mar.

1466 Los primeros zapatos diseñados especialmente para correr se inventaron en la década de 1860. Eran como unos elegantes zapatos de cuero, pero con clavos en las suelas.

1467 El hombre más veloz del mundo, Usain Bolt, corrió en cierta ocasión diez metros en 0,81 segundos. Esa es la velocidad de un caballo al galope.

1468 Durante la maratón olímpica de 1912, Shizu Kanakuri se paró a tomar un vaso de agua y lo dejó. En 1967, volvió y terminó la carrera, ¡haciendo un tiempo total de 54 años, 8 meses, 6 días y 32 minutos!

1469 Los científicos han demostrado que los atletas vestidos de rojo tienen más probabilidades de ganar. ¡Este color puede hacer que uno sienta más energía y hasta corra más rápido!

1470 El *retrorunning* es exactamente lo que te estás imaginando: ¡correr hacia atrás!

1471 En los primeros días de las carreras de relevos, el testigo que se pasaban los corredores era una pequeña bandera. Actualmente, los testigos son cilindros hechos de un aluminio especial inoxidable y muy ligero.

1472 La carrera más antigua del mundo es el Palio del Drappo Verde, en Italia. Se celebró por primera vez en Verona en 1208. Se corrió anualmente durante 590 años, antes de tomarse un descanso de 200 años.

1473 Roger Bannister fue la primera persona en correr una milla (1 609 metros) en menos de cuatro minutos, en 1954. Pero solo mantuvo su récord durante 46 días, hasta que lo batió John Landy haciendo el recorrido en 1,4 segundos menos.

1474 La carrera de 3 100 millas de Sri Chinmoy es la carrera a pie más larga del mundo. Pero los corredores no disfrutan grandes cambios de paisaje: ¡le dan 5 649 vueltas a una manzana de la ciudad de Nueva York!

1475 **De media, un corredor de maratón quema unas 2 600 calorías al correr una carrera. Eso equivale a unas 10 hamburguesas.**

Viaje por el cosmos

1476 El universo nació en el Big Bang (gran explosión), hace unos 13 820 millones de años.

1477 A los planetas que vagan solos por el espacio, sin orbitar en torno a ninguna estrella, se los llama «planetas errantes».

1478 Un agujero negro no se puede ver: solo sabemos que existen por cómo afectan a su entorno.

1479 En el espacio, las distancias suelen medirse en años luz. Un año luz es la distancia que recorre la luz en un año.

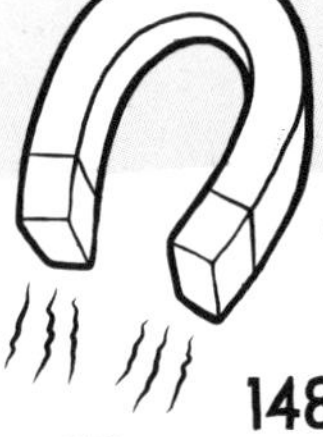

1480 Una magnetoestrella es un tipo de estrella de neutrones que tiene un campo magnético mil billones de veces más fuerte que el de la Tierra.

1481 Aproximadamente el 95 % del universo consiste en materia oscura y energía oscura: cosas que no podemos ver.

1482 A las enanas marrones se las llama «estrellas fallidas» porque son incapaces de encenderse.

1483 En el espacio no hay ruidos porque las ondas sonoras no pueden transmitirse en el vacío.

1484 El objeto más lejano de nuestro sistema solar es un pequeño cuerpo llamado Farfarout (que en inglés viene a querer decir: «muy, muy lejano»).

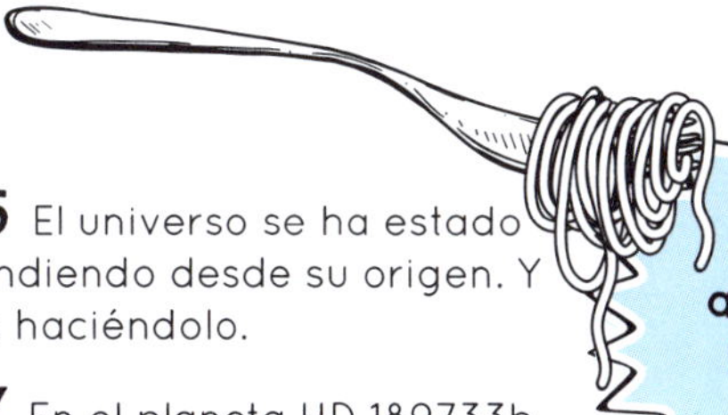

1485 El universo se ha estado expandiendo desde su origen. Y sigue haciéndolo.

1486

La espaguetización es lo que le sucede a algo que cae dentro de un agujero negro y la gravedad lo estira.

1487 En el planeta HD 189733b, llueve vidrio fundido.

1488 El espacio parece negro (en vez de azul como el cielo) porque no hay atmósfera para reflejar la luz.

1489 En el espacio hay una nube de vapor de agua que contiene más de 140 billones de veces toda la cantidad de agua de los océanos de la Tierra.

1490 Las estrellas fugaces no son estrellas ni mucho menos. Son meteoros: pequeños trozos de roca y polvo que se prenden en la atmósfera de la Tierra.

1491 Los cuásares reciben su energía de los agujeros negros, pero pueden brillar más que una galaxia entera.

1492 En Venus, los vientos de gas metano alcanzan una velocidad de 2000 km/h.

1493 En Venus, el día es más largo que el año.

1494 El planeta más pequeño conocido es Kepler-37b, que tiene el mismo tamaño que nuestra luna.

1495 Existe un vacío cósmico (o sea, un enorme espacio vacío en el universo) que tiene una anchura de 1 800 millones de años luz.

1496 La cola de un cometa siempre apunta en dirección contraria al sol.

1497 En el universo podría haber también «agujeros blancos»: zonas superbrillantes que, en lugar de atraparlas, echarían hacia fuera la luz y la materia.

1498 Se piensa que el mayor agujero negro, Ton 618, tiene 66 000 millones de veces la masa del sol.

1499 El planeta J1407b tiene un enorme sistema de anillos, doscientas veces mayor que el de los anillos de Saturno.

1500

El espacio exterior empieza en la línea Kármán, que está a unos 100 kilómetros en vertical desde la Tierra.